DE L'ILLÉGALITÉ

DE L'ADOPTION

DES ENFANTS NATURELS.

PARIS. — IMPRIMERIE DONDEY-DUPRÉ,
Rue Saint-Louis, 46, au Marais.

DE L'ILLÉGALITÉ

DE L'ADOPTION

DES ENFANTS NATURELS

PAR M. BENECH,

PROFESSEUR A LA FACULTÉ DE DROIT DE TOULOUSE, DE L'ACADÉMIE DES SCIENCES
DE LA MÊME VILLE, MEMBRE DE LA LÉGION-D'HONNEUR, ETC., ETC.

DEUXIÈME ÉDITION,

Revue, augmentée de la réfutation des Arrêts rendus
depuis la 1re édition.

Adoptare, hoc est omni voto optare.
(DUCANGE, Glossaire Latin.)

PARIS.

LIBRAIRIE DE JURISPRUDENCE DE COTILLON,
RUE DES GRÈS-SORBONNE, 16, PRÈS L'ÉCOLE DE DROIT.

1845
1844

DE L'ILLÉGALITÉ

DE L'ADOPTION

DES ENFANTS NATURELS.

Un arrêt de la chambre civile de la Cour de Cassation, du 16 mars 1843, a décidé que, sous l'empire du Code civil, le père ne pouvait adopter l'enfant naturel qu'il aurait valablement reconnu [*].

Cette décision de la Cour suprême a produit au barreau et dans les rangs de la magistrature la plus vive sensation. Elle ébranle l'autorité d'une jurisprudence assez généralement établie, en dérogeant aux doctrines que la Cour suprême avait elle-même consacrées, il n'y a pas encore deux ans, par arrêt du 28 avril 1841, sur les conclusions conformes de M. le procureur général Dupin. Et de leur côté, les familles se sont profondément émues en sens divers, les unes voyant avec douleur les bases de leur fortune compromises, leur avenir sérieusement menacé, et les autres applaudissant en secret aux doctrines qui garantissent à la légitimité des droits que la bâtardise ne pourra plus lui ravir.

L'arrêt du 28 avril semblait être le dernier mot de la Cour sur la question : on croyait en général qu'il était venu clore

[*] Journal *Le Droit,* du 20 mars 1843.

cette longue lutte, qui s'est élevée depuis la publication du Code civil sur ce grand problème.

Cette attente a été trompée : la lutte a recommencé plus vive que jamais. Voilà donc en présence deux décisions de la Cour suprême en sens diamétralement opposés. La Cour a élevé autel contre autel, doctrine contre doctrine. Un arrêt des chambres assemblées peut seul maintenant mettre fin à cette controverse considérable , qui remet en question et tient en suspens de si graves intérêts·, et dont la solution doit exercer sur l'organisation de la famille moderne une si décisive influence.

Les hommes voués à l'étude du Droit se sont aussitôt hâtés de mettre de nouveau à l'ordre du jour l'examen de ce différend, et de préparer, par des recherches nouvelles, les éléments de la décision qui amènera le terme de ce partage.

Conviés par leur exemple, nous avons cru aussi devoir nous mettre à l'œuvre, et bien qu'il y ait sans doute de la témérité de notre part à le dire, nous pensons avoir découvert, dans les travaux préparatoires du Code civil et les textes qu'ils éclairent, des arguments nouveaux et sans réplique pour établir le bien jugé de l'arrêt du 16 mars 1843.

Notre travail n'a d'autre objet que de restituer ces travaux préparatoires et ces textes.

Ce n'est donc pas pour résumer avec plus ou moins d'exactitude et de bonheur les raisons jusqu'ici invoquées de part et d'autre que nous faisons en ce moment un appel à l'attention des légistes ; c'est moins encore pour reproduire ces raisonnements sous des formes différentes. Nous n'avons, en écrivant, d'autre but que celui de faire intervenir dans cette polémique des textes décisifs à nos yeux, et qui sont pourtant restés étrangers au débat, en éclairant ces textes par des travaux préparatoires sur lesquels on a gardé jusqu'à ce moment le silence le plus absolu. Non pas que ces travaux préparatoires soient inédits, car on les trouve tout au long dans MM. Locré* et Fenet**; — mais par une de ces préoccupations dont on pourrait citer bien d'autres exemples, ils sont passés inaperçus. On a bien constamment argumenté jusqu'ici, en faveur de la validité de l'adoption des enfants naturels légalement reconnus, d'une partie des travaux préparatoires du Code civil; mais on a laissé à l'écart la partie la plus essentielle, et on est arrivé par là à ce résultat que l'on a voulu éclairer le texte du Code civil à l'aide de documents qui n'ont plus aucun rapport avec lui, tandis qu'on a négligé ceux qui pouvaient amener à la connaissance de son véritable esprit.

Nous espérons donc, en rétablissant tous les éléments du débat à ce point de vue, leur imprimer une physionomie nouvelle et les placer pour la première fois sur le terrain qui seul doit leur convenir.

Pour mieux préciser notre pensée et dessiner plus nettement le but auquel nous voulons aboutir, résumons en quelques mots les raisons principales qui ont jusqu'ici servi d'appui aux deux opinions formulées dans les arrêts des 28 avril 1841 et 16 mars 1843.

Les partisans de l'invalidité de l'adoption ont dit :

1° D'après son institution et ses traditions historiques les plus constantes, l'adoption n'est qu'une *imitation de la nature* (*adoptio naturam imitatur*)***. Or, l'imitation ne peut se ren-

---

* *Législation civile et commerciale*, tome 6, depuis la page 358 jusqu'à la page 666.

** Recueil complet des travaux préparatoires du Code civil, tome 10, depuis la page 247 jusqu'à la page 478.

*** Institut., liv. 2, tit. 9, *De adopt.*, § 4.

contrer là où est déjà la réalité. Le but unique de l'adoption est de suppléer, par la création d'une paternité fictive, à l'absence d'une paternité réelle : tous les textes du Code le supposent, 348, 349, 350, etc., etc. Or, l'existence d'une paternité *réelle* constatée par la reconnaissance est incompatible avec une simple fiction de paternité.

2° Le Code civil a établi une ligne de démarcation nettement tracée entre la famille légitime et la famille naturelle. Le moyen à l'aide duquel l'enfant naturel pourrait entrer dans la famille légitime, c'est la légitimation par mariage subséquent. Lui accorder ce droit par l'adoption, c'est introduire un mode indirect de légitimation contraire à l'esprit de la loi, qui a été de favoriser le mariage.

3° L'ensemble des dispositions du Code prouve que l'enfant naturel ne peut prétendre sur les biens de son père, soit par la voie de succession *ab intestat*, soit par voie de donation ou d'institution, par des moyens directs ou indirects, qu'à des droits tout à fait inférieurs à ceux attribués aux enfants légitimes, art. 338, 756, 757, 908. Autoriser leur adoption, c'est donc éluder les lois restrictives et limitatives de leur capacité, et autoriser à faire par une voie oblique et détournée ce que l'on ne pourrait faire d'une manière directe.

4° Enfin, valider l'adoption des enfants naturels, c'est autoriser nécessairement l'adoption des enfants adultérins et incestueux, dont la filiation est établie par une reconnaissance autre qu'une reconnaissance volontaire.

Les partisans de la validité de l'adoption répondent :

1° L'adoption est une institution de droit civil : elle doit donc être permise en faveur de tous ceux à qui la loi ne l'a pas interdite. Or, aucun texte du Code civil ne prohibe l'adoption des enfants naturels *légalement* reconnus.

2° Les discussions du projet de loi au Conseil d'état démontrent qu'on a eu l'intention d'admettre la validité de l'adoption dont s'agit, et ces discussions expliquent ainsi l'absence d'un texte prohibitif dans le Code.

3° La maxime *adoptio naturam imitatur* ne peut constituer un obstacle suffisant ; car la paternité fictive donne à l'enfant des droits beaucoup plus étendus que la paternité naturelle.

4° Les articles 348, 349, 350 supposent, il est vrai, que dans les cas ordinaires, dans les cas les plus fréquents, ceux qui ont dû être l'objet unique des prévisions du législateur, l'enfant adoptif est étranger par les liens de la nature au père adoptant ; mais il ne suit pas de là nécessairement que, dans certains cas, la paternité naturelle ne puisse précéder la paternité fictive.

5° Les lois limitatives de la capacité de l'enfant naturel ne sauraient non plus constituer un obstacle ; car l'objet principal de l'adoption est de constituer un changement d'état. Au premier chef, elle est attributive d'une qualité nouvelle. Les effets qu'elle entraîne pour la capacité de recevoir sont accessoires et secondaires. Il s'agit donc d'une question d'état, de qualité et non de capacité : l'enfant reçoit comme enfant adoptif et non comme enfant naturel.

6° De la validité des adoptions des enfants naturels, on ne saurait conclure à la validité de l'adoption des enfants adultérins ou incestueux ; car ceux-ci ne peuvent jamais changer d'état, ils ne peuvent pas être légitimés. (Article 331.)

Tel est, du moins à peu de chose près, le tableau complet des raisons invoquées jusqu'ici pour ou contre la thèse proposée*.

---

* *V.* les arrêts des 28 avril 1841 et 16 mars 1843.

Pour nous, qui nous rangerons du côté des adversaires de l'adoption, dans l'espèce, nous estimons que la solution de la difficulté, c'est-à-dire la preuve certaine de l'invalidité de l'adoption, est tout entière, lorsqu'il s'agit de l'adoption ordinaire, dans la première partie du premier paragraphe de l'article 345; quand il s'agit de l'adoption rémunératoire, dans la deuxième partie du même paragraphe; et enfin lorsqu'il est question de l'adoption testamentaire, dans les art. 361, 366 et suivants du Code, analysés et combinés. Pourquoi? Parce que le père de l'enfant naturel légalement reconnu ne peut jamais se prévaloir, pour arriver à l'adoption ordinaire, des secours qu'il aurait fournis et des soins non interrompus qu'il aurait donnés à l'enfant pendant six ans au moins *durant sa minorité* (article 345, § 1er); parce que, pour faire consacrer l'adoption *rémunératoire*, l'enfant ne peut pas invoquer le dévouement dont il aurait donné des preuves à son père en sauvant sa vie, soit dans un combat, soit en le retirant des flammes ou des flots; enfin, parce que l'adoption *testamentaire* doit être nécessairement précédée de la tutelle officieuse, qui en est une condition et une préparation (361, 366). Or, le père de l'enfant naturel légalement reconnu ne peut jamais prendre la qualité de tuteur *officieux*. — Ainsi, nous soutenons que les rapports que la reconnaissance de l'enfant naturel a établis entre son père et lui le placent nécessairement en dehors des conditions essentielles auxquelles, par les textes que nous venons d'indiquer, sont subordonnées les trois espèces d'adoption prémentionnées.

Nous parviendrons à démontrer notre proposition en éclairant ces textes par les travaux préparatoires du Code civil, et nous aurons ainsi le double avantage d'établir par ces mêmes travaux les bases de notre système, et de ruiner de fond en comble le système opposé ; car ce système invoque précisément en sa faveur les travaux préparatoires du Code, c'est-à-dire les discussions au sein du Conseil d'état.

M. Delvincourt avait indiqué le germe de notre doctrine dans une de ses notes sur le titre *De l'adoption;* mais il ne considère le caractère des services exigés par l'art. 345 du Code civil que comme une *objection* contre le système de l'adoption de l'enfant naturel ; il n'en fait pas l'objet d'un raisonnement décisif, le pivot d'un système tout entier. Il semble ne pas comprendre toute la portée et toute l'énergie de cette idée qu'il ne touche qu'en passant, dont il ne se préoccupe d'ailleurs que par rapport à une des trois espèces d'adoption, l'adoption ordinaire. On voit bien qu'il ne l'a ni assez mûrie ni assez développée pour apprécier toutes les ramifications qui s'y rattachent. Il n'a soulevé qu'un coin du voile, et il n'aperçoit qu'une lueur de la vérité, là où un examen plus sérieux lui eût révélé des flots de la plus vive lumière. On dirait qu'il n'a trouvé qu'un son, là où se rencontraient toutes les conditions d'une harmonie complète.

Aussi, l'observation fugitive du professeur de l'école de Paris est-elle passée inaperçue ; elle n'a rencontré d'écho dans aucun des auteurs qui ont écrit après lui. Elle n'a donc jusqu'ici jeté aucun poids dans la balance ; on ne la voit trouver place dans aucune des discussions qui ont précédé les arrêts solennels de la Cour suprême des 28 avril 1841 et 16 mars 1843, discussions si habilement résumées dans les savants réquisitoires de MM. Dupin et Laplagne-Barris.

M. Delvincourt n'avait pu communiquer aux autres une conviction dont il ne paraissait pas lui-même suffisamment pénétré.

En creusant sous toutes ses faces une pensée qui, restée

comme à l'état de germe, n'avait produit aucun fruit, et surtout en la fécondant par les travaux préparatoires du Code, nous arriverons, il faut du moins l'espérer, à d'autres résultats.

Pour plus de facilité, et surtout pour faire sentir combien est importante l'omission que l'on a commise jusqu'ici par rapport à ces travaux, nous diviserons ce qui s'y rapporte en deux phases ou périodes bien distinctes; l'une qui, remontant aux premiers projets, nous conduira du 6 frimaire an X (27 novembre 1801) jusqu'au 27 brumaire an XI (18 novembre 1802); et la seconde, qui datant du 27 brumaire an XI, nous amènera jusqu'au 5 ventôse an XI (24 février 1803), jour où, après la communication officieuse du projet au Tribunat, le projet fut *définitivement* adopté par le Conseil d'état, tel qu'il fut proposé au Corps législatif.

La première phase de ces discussions embrasse donc une période de onze mois et vingt-un jours; la seconde a duré pendant trois mois. Dans la première, le Conseil fut appelé à délibérer quatre fois sur les divers projets du titre de l'adoption; à savoir, dans les séances des 6 frimaire an X (27 nov. 1801), 14 frimaire an X (5 décembre 1801), 16 frimaire an X (7 décembre 1801), 4 nivôse an X (25 décembre 1801). Et dans la seconde, il y consacra aussi quatre séances, savoir : celles des 27 brumaire an XI (18 nov. 1802), 11 frimaire an XI (2 décembre 1802), 18 frimaire an XI (9 décembre 1802) et 5 ventôse an XI (24 février 1803); total, huit séances. Dans la première période, le projet fut trois fois modifié ou remanié; il en fut de même dans la seconde, de telle sorte que depuis la présentation du premier projet à la séance du 6 frimaire an X (27 novembre 1801), jusqu'à sa rédaction définitive dans la séance du 5 ventôse an XI (24 février 1803), le projet a été remanié six fois; ou plutôt on compte six projets plus ou moins différents les uns des autres, qui se sont succédé sur le métier législatif. Il est bien entendu que nous ne suivrons ces diverses modifications ou transformations du projet qu'au point de vue de la thèse proposée.

Mais avant d'aborder la première période, jetons un coup d'œil rapide sur l'état dans lequel se présentait, au point de vue historique, la question qu'étaient appelés à résoudre les auteurs du Code civil.

Les peuples de la Grèce avaient reçu l'adoption, en lui donnant une place distinguée dans leurs institutions civiles.

L'étude de leurs lois et de leurs mœurs ne permet pas de se former des idées très-exactes sur le point de savoir si chez eux le père pouvait adopter un enfant naturel qu'il aurait reconnu. Périclès fut admis à adopter un enfant naturel qu'il avait eu de la célèbre Aspasie. Mais cette adoption était-elle conforme au droit commun, ou bien, comme quelques-uns l'assurent, l'influence de ce grand homme lui fut-elle nécessaire pour faire fléchir les idées reçues ? C'est ce qu'il est très-difficile de juger.

A Rome l'adoption constitue aussi une des principales sources de la famille, et l'examen de la même question est loin d'être sans difficultés ; il faut nécessairement chercher à les résoudre.

L'adoption, examinée d'une manière générique, était considérée et ne pouvait être considérée par l'ensemble des textes que comme une fiction calquée sur la nature, *adoptio naturam imitatur*.

Cette fiction n'était pas pourtant toujours respectée.

Ainsi, en appropriant l'adoption à leurs mœurs, les Romains admirent que le lien civil ou d'agnation qu'elle formait pourrait souvent concourir avec un lien de nature préexistant, soit pour restituer des droits d'agnation qui avaient été détruits, soit pour créer des droits de cette nature qui n'avaient jamais existé. Cette institution fut donc un moyen de reconstituer ou de créer les rapports d'agnation, qui sont la base de la famille romaine et la source de tous les droits de cette famille. Le père qui a émancipé son fils pourra donc le réintégrer sous sa puissance par l'adoption, de même que le père de famille qui n'a pas émancipé pourra donner son fils en adoption à un de ses ascendants qui n'avait pas sur ce fils le droit de puissance, et le placer pour la première fois sous son autorité *.

Mais cette faculté existait-elle pour le père dans l'autre cas?

Oui, répondent sans hésiter les antagonistes de notre doctrine, et notamment M. Dupin. *Jusqu'au règne de l'empereur Justin, en 519 de l'ère chrétienne, c'est-à-dire pendant près de douze cents ans, l'adrogation des enfants naturels a été permise* **.

Sur quoi se fonde-t-il à ce sujet, d'accord avec Pothier, Gedefroy, Heineccius et autres jurisconsultes dont il suit la doctrine?

Sur deux fragments du droit romain, dont l'un est un texte de Modestinus ***, et l'autre un texte d'Ulpien ****.

Mais ces deux textes sont-ils bien concluants?

Modestinus dit : *Inviti, filii naturales, vel emancipati, non rediguntur in patriam potestatem.* — Ulpien écrit : *In servitute meâ quæsitus mihi filius, in potestatem meam re-*

---

* Instit., *De adoptionibus*, § 2.

** Réquisitoire du 28 avril 1841 ; *Moniteur* du 5 mai.

*** Frag. ult., *De his qui sui vel alien.*—De nos jours, MM. Blondeau (*Chrestomathie*) et Mühlenbruck (*Doctrina Pandectarum*) paraissent avoir professé la même doctrine.

**** Frag. ult., *De adopt. et emancip.*

*digi beneficio principis potest; libertinum tamen eum ma-
nere non dubitatur.*

Quelles inductions veut-on puiser dans ces fragments ?

Examinons le premier.

Vous traduisez sans hésiter ces mots *filii naturales* par enfants naturels , nés *ex concubinâ*.

Mais qui ne sait que cette expression est on ne peut pas plus
élastique dans le droit romain ? Cujas disait qu'il n'y en avait pas
de plus amphibologique, qui présentât plus de sens différents *.

Rien n'est donc moins certain que cette traduction.

L'expression *redigere* (in patriam potestatem) dont se sert
le jurisconsulte Modestinus à l'égard des *filii naturales* , et
des *émancipés* , *emancipati* , prouve suffisamment que l'interprétation qu'on lui donne est fausse.

En effet , les enfants nés *ex concubinâ* n'ont jamais été soumis à la puissance de leur père ; les émancipés au contraire en
ont été affranchis.

Les premiers *entrent* donc pour la première fois sous la
puissance, par l'adrogation ; les seconds, au contraire , y *ren-
trent*. Cette situation est donc tout à fait différente. Eh bien !
je demande maintenant si le jurisconsulte Modestinus avait pu
se servir d'une même expression pour régir deux situations
si dissemblables ?

L'expression étant la même , il faut donc admettre naturellement que la situation est identique, et qu'il s'agit d'enfants
naturels et légitimes qui , comme les émancipés , ont été un
jour sous puissance et qui ne peuvent être *replacés* sous cette
puissance *inviti*. Or, ce cas pouvait très-souvent se réaliser ,
toutes les fois que l'enfant avait été affranchi de la puissance

* Sur le tit. du Code *De natural. liberis*.

paternelle, 1° par l'adoption parfaite, suivie plus tard d'une émancipation ; le père naturel pouvait éprouver le désir de reconquérir par l'adoption l'enfant qu'il avait précédemment donné en adoption à un autre, et que celui-ci avait émancipé; 2° par un des événements qui du chef du père ou de l'enfant avait dissous la puissance paternelle, en dehors de toute émancipation ; l'enfant devenu *sui juris*, n'étant plus attaché à son ascendant que par le lien de nature, n'était plus que *filius naturalis ;* il ne pouvait pas être adrogé, malgré lui, *invitus*, par son père qui voulait le replacer sous son autorité.

Dans les deux cas qui précèdent, les mots de *filii naturales* peuvent donc s'appliquer, à la rigueur, à des enfants autres que les enfants naturels *ex concubinâ suscepti*, et autres que des émancipés.

Telle est l'explication la plus plausible à mes yeux pour mettre en harmonie, ce qui est indispensable, l'identité des deux situations prévues par le jurisconsulte, et l'identité de l'expression qu'il emploie pour les régir toutes deux.

Je sais bien que je donne à ces mots *filii naturales* un sens autre que celui qu'il a en général dans le corps du Droit ; mais il suffit qu'il ne soit pas essentiellement incompatible avec la qualité des enfants que j'ai désignés pour que l'interprétation me paraisse préférable à celle qui voudrait que deux situations si différentes dans la vie civile eussent été réglées par un même texte.

Passons au fragment d'Ulpien.

On a entendu ces mots *beneficio principis* comme étant synonymes du *rescriptum principis*, à l'aide duquel s'opérait l'adrogation des personnes *sui juris;* et il est évident, a-t-on dit, qu'il s'agit bien du principe de l'adrogation des enfants naturels qui est consacré par ce texte.

Mais pour établir le contraire, il n'y a qu'une chose à répondre, c'est que, d'après Ulpien lui-même, auteur du fragment, de son temps l'adrogation s'opérait encore sous l'autorité du peuple romain. Il l'atteste nettement dans ses fragments,
où on lit : *per populum* qui sui juris sunt *adrogantur**. Du
temps d'Ulpien, l'adrogation ne s'opérait donc pas encore *rescripto principis*. — Comment donc voulez-vous qu'en se ser-
vant de ces mots *beneficio principis* dans la loi précitée, il ait
entendu parler de l'adrogation faite par le père naturel suivant
le droit commun, tandis que ce droit commun n'existait pas
encore ?

L'interprétation est donc démontrée fausse d'après Ulpien
lui-même ; et si on fait attention à la nature de l'œuvre du jurisconsulte à laquelle le fragment a été emprunté, on reconnaîtra aisément quel a dû être le sens de ce texte. Le fragment
est emprunté au livre 4 *ad legem Juliam et Papiam*. — Or,
la loi Papia accordait des immunités aux pères qui avaient un
nombre donné d'enfants, et les enfants adoptifs comptaient
pour faire ce nombre. — C'est en traitant de cette loi que le
jurisconsulte s'occupe de l'espèce prémentionnée, et examine
tout naturellement si l'enfant pourra, malgré la défaveur du
cas particulier, servir au père, au point de vue de la loi Papia,
et il décide l'affirmative, pourvu que le prince y consente.
Voilà le sens vrai du fragment, tandis que l'interprétation que
nous combattons est impossible.

Comment donc, à l'aide de ces deux textes, pourrait-on avoir
établi la doctrine que nous combattons ?

Est-il bien constant que l'enfant naturel pût réunir toutes
les conditions nécessaires pour paraître dans les assemblées des

---

* Frag., *De adop.*, § 3.

comices, sous l'autorité desquelles s'opérait l'adrogation ? Et si cela était constant, comment concilier cette adrogation avec les formules solennelles de l'adrogation qui autorisent naturellement à penser que l'adrogé était généralement étranger par la naissance à l'adrogeant*?

S'il est vrai que l'adrogation des enfants naturels a été constamment permise dans le droit romain , comment expliquera-t-on l'introduction de la légitimation par *oblation à la curie?*

Je concevrais le concours de l'adrogation avec la légitimation par mariage subséquent, par suite des avantages qu'en retiraient les *idées religieuses*. Encore même il serait toujours naturel de penser que cette légitimation fut la première manière d'attribuer la légitimité aux enfants nés du concubinat; mais je ne conçois plus l'introduction de la légitimation par *oblation à la curie*, sous les empereurs Théodose et Valentinien, en 442.

Quoi! le père peut, par un moyen des plus aisés, par le seul bénéfice du droit commun, qui s'opère maintenant *rescripto principis*, acquérir le droit de puissance paternelle sur son enfant naturel; il n'a qu'à l'adroger; et les empereurs Théodose et Valentinien songent à introduire l'acquisition de la puissance paternelle par *l'oblation à la curie*, acquisition gênante, essentiellement onéreuse, introduite beaucoup plus

---

* Voici cette formule :
Velitis. jubeatis. Quirites. uti. Lucius. Valerius. Lucio. Titio, tam. jure. lege. q. filius. sibi siet. quam. si. ex. eo. patre. matre. q. familias. ejus. natus. esset. uti. q. ei. vitæ. necis. q. in. eo. potestas. siet. uti. patri. Pariendo. filio. est. hæc. uti. dixi. ita. vos. Quirites. rogo. (Aulu-Gelle. N. A. V. 19.)

dans l'intérêt des *curies* qu'il faut recruter* que dans l'intérêt du père ou de l'enfant!

Mais cette innovation suppose qu'il y a absence pour le père d'une voie commode, facile; qu'il n'y a rien dans le droit commun, dans le droit ordinaire, qui autorise le père à placer l'enfant sous sa puissance; car on ne pouvait supposer que débonnairement, gratuitement, le père irait s'imposer des sacrifices pour faire recevoir son fils *membre de la curie*, le cautionner, ou doter largement sa fille naturelle en la mariant à un Décurion, lorsque sans aucun effort il pouvait arriver au même résultat!

Tout cela est inadmissible; la vérité est donc que le père ne pouvait, par l'adrogation, acquérir sur son fils naturel droit de puissance; que le mode de cette acquisition, introduit par Constantin, en 435, ne pouvant profiter aux enfants nés après cette innovation, il fallut alors fournir un nouveau moyen aux pères, l'*oblation à la curie*, pour parvenir au même but.

La preuve qui résulte de l'ensemble des constitutions des empereurs romains est d'ailleurs si décisive, que, malgré la défiance qu'on est disposé à éprouver quand on lutte contre le courant d'une opinion assez généralement reçue, tous les doutes doivent nécessairement disparaître.

Examinons.

Les empereurs Constantin et Zénon n'autorisaient la légitimation par mariage subséquent que pour les enfants déjà nés à l'époque où chacun des deux princes promulgua sa constitution, sans étendre le même bénéfice aux enfants qui naîtraient à l'avenir du concubinat**.

---

* C'est là un point élémentaire dans la science du Droit romain. Il résulte du texte de toutes les Constitutions impériales.

** Const. 5, Cod. *De natural. liberis.*

Anastase crut devoir corriger cet état de choses, et il auto-
risa la légitimation pour les enfants déjà nés, comme pour
l'avenir, voulant que les uns et les autres pussent jouir de tous
les bienfaits attachés à la légitimité. C'est là le premier objet
de sa constitution ; puis il termine par ces mots : « *Filios in-*
» *super et filias jàm per divinos adfatus à patribus suis in*
» *adrogationèm susceptos vel susceptas, hujus providentis-*
» *simæ nostræ legis beneficio et juvamine potiri censemus*.* »

Mais si, *depuis douze cents ans*, comme le dit M. Dupin,
c'est-à-dire depuis la fondation de Rome jusqu'au moment où
Anastase édicta sa constitution, il avait été reçu sans difficulté
que l'adrogation des enfants naturels était légitime, à quoi bon
l'empereur aurait-il déclaré, ici, qu'elle devait produire tous
ses effets? C'était de sa part une précision tout à fait inutile.

La formule qu'il emploie ne prouve-t-elle pas, au contraire,
qu'il s'agit de quelques adrogations consommées par abus, par
tolérance, et qui ont besoin, pour se soutenir, du bienfait d'une
constitution impériale qui par un acte d'indulgence les ratifie,
leur vienne en aide, et les amnistie en quelque sorte? Remarquez ces mots : *Filios et filias* JAM *in adrogationem susceptos*
vel susceptas, providentissimæ nostræ legis beneficio et juva-
mine potiri censemus.

Des adrogations faites sous la foi d'une législation qui aurait
eu douze cents ans de durée avaient-elles besoin du *beneficium*
et du *juvamen* d'une constitution spéciale?

Ce n'est pas tout; moins de douze ans après, l'empereur
Justin s'empressera d'abroger cette innovation.

En quels termes le fera-t-il?

Il modifie d'abord la constitution d'Anastase, en prohibant

* Const. 6., Cod. *De natural. liberis.*

pour l'avenir la légitimation par mariage subséquent; puis il ajoute : « Naturalibus insuper filiis vel filiabus ex cujuslibet mu-
» lieris cupidine non incerta, non nefaria procreatis, et in pa-
» terna per arrogationem seu per adoptionem sacra susceptis,
» ex divinis jussionibus, sive antequam eadem lex (Anasta-
» siana) irrepserit, sive post eamdem legem usque ad præsen-
» tem diem, non sine ratione duximus suffragandum : ut
» adoptio seu arrogatio firma permaneat, nullis prorsus impro-
» banda quæstionibus : quasi quod impetraverunt, lege quâ-
» dam interdictum sit : quoniam et si qua priùs talis emergebat
» dubitatio, remittenda fuit, movente misericordiâ : quâ indigni
» non sunt, qui alieno laborant vitio. Sint itaque post eamdem
» arrogationem seu adoptionem sui, et in potestate patrum ;
» successionesque tam ab intestato quàm ex testamento capiant,
» sicut in adrogatis seu adoptatis constitutum est. In posterum
» verò sciant omnes legitimis matrimoniis legitimam sibi pos-
» teritatem quærendam, ac si prædicta constitutio lata non
» esset. Injusta namque libidinum desideria nulla de cætero
» venia defendet : nullum sublevabit novum adminiculum præ-
» ter anteriorum dispositionum ordinem, non ante lata sanctio,
» quam ex hoc die resecandam pia suggerit ratio : non arroga-
» tionum vel adoptionum prætextus : quæ ulterius minimè
» ferendæ sunt : non astutiæ, sive divinis adfectandæ sunt lit-
» teris, sive quibusdam illicitis ambiendæ machinationibus :
» cum nimis sit indignum, nimis item impium, flagitiis præsi-
» dia quærere, ut et petulantiæ servire liceat, et jus nomenque
» patris, quod eis denegatum est, ex altero legis colore presu-
» mant*. »

Jamais texte fut-il plus énergique ? Voyez comme tout y est précis et concordant !

* Const. 7, Cod. *De natural. liberis.*

Les adrogations des enfants naturels validées par la constitution d'Anastase n'ont pu être obtenues que par des moyens
qu'il qualifie d'astucieux et de dolosifs. La constitution elle-
même d'Anastase est une loi qui s'est introduite furtivement,
au mépris et comme à l'insu des principes... *lex* IRREPSIT ;
mais si elle avait été en harmonie avec un droit antérieur de
douze cents ans, Justin l'aurait-il ainsi qualifiée?... Les adrogations qu'Anastase a validées étaient contraires au droit; si
elles sont respectées par lui, c'est uniquement par l'intérêt
qu'inspire le sort des enfants qui les ont obtenues... *movente*
MISERICORDIA. Entendez-le bien !

Voilà pour le passé, c'est - à - dire pour les titres conférés
par Anastase ; ils sont amnistiés ; mais à l'avenir on procédera
comme si la constitution d'Anastase n'avait jamais existé. Entendez-le bien encore : *ac si prædicta constitutio lata non
esset ;* c'est-à-dire à l'avenir, comme avant cette constitution,
l'adrogation sera défendue ; *non adrogationum vel adoptionum
prætextus, quæ ulterius minime ferendæ sunt...*

Donc antérieurement à l'empereur Anastase, l'adrogation
des enfants naturels n'était pas permise ; donc Anastase a in-
nové ; donc l'empereur Justin n'a pas *créé*, mais bien *rétabli*
l'illégalité de l'adoption des enfants naturels ; donc pendant
douze cents ans avant lui l'adoption des enfants naturels n'était
pas licite ! Et notez que, puisqu'il est établi par la constitution
de Justin qu'avant la constitution d'Anastase les adrogations
des enfants naturels n'étaient pas permises, c'est à vous à justifier d'un texte précis qui les aurait autorisées à une époque
quelconque, car, sans cette production, la prohibition sera
censée avoir toujours existé. Des textes précis seraient nécessaires, parce que l'adoption imitant la nature, l'adoption des
enfants naturels étant contraire à cette fiction, on ne pouvait

la modifier que par des éléments de droit positif, comme on en trouve pour l'adrogation des émancipés et l'adoption des enfants de la part de leurs ascendants maternels ou des ascendants paternels qui n'avaient pas sur eux le droit de puissance. Et ces textes une fois produits, il vous faudra entrer en lutte contre la constitution de Justin, dont la sincérité ne peut être révoquée en doute, parce qu'elle est contemporaine aux compilations de Justinien, tandis que les mêmes garanties sont loin d'exister pour les fragments du droit qui remonteraient à des époques plus reculées. — C'est en 519 que paraît la constitution de Justin ; c'est en 527 que commence la codification de Justinien ; cette constitution était donc la loi vivante des compilateurs.

Justin lui-même ne pouvait pas équivoquer sur des principes aussi fondamentaux que l'adrogation, sur une des sources de cette puissance paternelle qui résume toute l'organisation civile des Romains, qui sans doute avait été affaiblie sous l'action bienfaisante du christianisme et de la marche générale de la civilisation, mais qui, toute modifiée qu'elle était, n'en restait pas moins debout, dominant encore toutes les institutions, revêtant, comme ces monuments gigantesques que le temps a ruinés, une majesté toute nouvelle.

Les traditions de l'histoire du Bas-Empire viennent d'ailleurs expliquer de la manière la plus satisfaisante l'antagonisme des idées qu'on rencontre dans les deux constitutions des empereurs Anastase et Justin.

Anastase se montre relâché dans ses principes ; il tolère et valide des adrogations des enfants naturels qui étaient contraires au droit commun ; peu soucieux des intérêts du mariage, il réhabilite le concubinat, que Constantin, fidèle aux idées du christianisme, avait si vivement combattu. Il admit la légitimation par mariage subséquent, pour l'avenir comme pour le passé.

Il ne pouvait en être autrement, car Anastase se montra essentiellement hostile aux idées du catholicisme. — C'est en 508 qu'il décréta sa constitution prémentionnée, et précisément il venait à cette époque de se déclarer contre les catholiques ; il venait de déposer et de condamner à l'exil le patriarche de Constantinople, en réalisant le vœu des hérétiques*. — L'empereur Justin, au contraire, se montre zélé partisan de l'orthodoxie ; il lutte en faveur de l'Église ; il attaque vivement les sectes dissidentes; et alors s'explique très-bien l'énergie avec laquelle il abroge les innovations de son prédécesseur, en faisant retour à des doctrines plus morales au point de vue du christianisme, en prohibant l'adrogation des enfants naturels, en poussant les citoyens vers le mariage, qui seul pouvait compatir avec la pureté des mœurs telle que l'Évangile l'avait enseignée, en interdisant pour l'avenir la légitimation par mariage subséquent. Sa constitution est, comme on sait, datée de l'an 519, et c'est précisément dès l'année précédente qu'il s'était prononcé ouvertement en faveur des catholiques**.

L'esprit religieux avait donc exercé une influence décisive sur les deux constitutions que nous venons d'examiner.

Jamais concordance ne fut plus frappante.

Remarquez aussi, en passant, la gravité des motifs qui ont fait rétablir l'ancienne prohibition et la sévérité avec laquelle elle est formulée.

Justinien la maintiendra. Pourquoi? parce qu'elle est on ne

* Ceci est attesté dans tous les monuments historiques de l'époque. On peut consulter aussi l'histoire de MM. Lebeau et de Ségur.
** MM. Lebeau et de Ségur.

peut plus morale, *quoniam castitatem diligenter consideravit.*
« Et nos non latuit, quia etiam adoptionis modus erat antiqui-
» tùs ab aliquibus ante nos imperatoribus super naturales ad
» legitimos transferendos non improbabilis existimatus : sed
» æque piæ memoriæ noster pater, et constitutio ab illo pro-
» lata, talia reprehendit. Manere ergo et illam in suis terminis
» volumus : quoniam castitatem diligenter consideravit : et
» incompetens est, quæ bene exclusa sunt, rursùs ad rem-
» publicam revocare*. »

Justinien a dit dans cette novelle qu'il n'ignorait pas qu'an-
ciennement quelques-uns des empereurs, ses prédécesseurs,
avaient pourtant approuvé ou du moins n'avaient pas improuvé
l'adrogation des enfants naturels : *Nos non latuit, quia etiam
adoptionis modus erat antiquitùs ab aliquibus ante nos imperatoribus super naturales ad legitimos transferendos non
improbabilis existimatus;* et on s'est emparé de ce mot *antiquitùs*, pour en conclure que très-anciennement l'adoption
des enfants naturels était permise. Mais n'est-ce pas là une exa-
gération dont l'ensemble du chapitre prouve lui-même la faus-
seté ?

Sans doute le mot est impropre, car on ne pouvait qualifier
ainsi, au moment où parut la novelle 74, l'époque à laquelle
remontait la constitution d'Anastase. Mais quand Justinien
ajoute *ab aliquibus imperatoribus*, et surtout quand il rappelle
la constitution de son prédécesseur, qu'il a sous les yeux et qu'il
approuve, ne fournit-il pas un moyen suffisant de rectifier ce
qu'il y a d'inexact dans la locution dont il s'est servi ? N'est-il
pas probable d'ailleurs que l'abus consacré par Anastase datait de
quelques années, qu'en fait il avait été toléré par d'autres

* Novelle 74, c. 3.

empereurs ? Justinien considère la jurisprudence antérieure comme contraire à celle de Justin, son père adoptif et son prédécesseur. — Mais s'il eût été convaincu que le droit commun autorisait l'adrogation des enfants naturels depuis l'origine même du droit romain, sans interruption, sans contestation, il n'aurait pas dit *modus... ab* ALIQUIBUS... *non improbabilis existimatus*. Ce langage n'aurait pas été de saison, car il ne s'entend que d'une chose qui constitue une innovation, une sorte d'usurpation du Droit, et non d'une chose conforme au Droit ; mais il s'applique très-bien, au contraire, au fait d'Anastase qui avait confirmé les adrogations illégales déjà faites ! Il n'aurait pas pu dire et il n'aurait pas dit ab ALIQUIBUS imperatoribus, car, les *adrogations* s'opérant depuis près de trois cents ans avant lui, *rescripto principis*, tous les empereurs qui s'étaient succédé sur le trône depuis cette époque les auraient nécessairement validées ! et il aurait fallu dire alors ab OMNIBUS *imperatoribus*, et non ALIQUIBUS ! !

La novelle de Justinien se retourne donc contre ceux qui nous l'opposaient, et vient compléter la démonstration *.

L'adrogation des enfants naturels, *ex concubinâ suscepti*, n'était donc pas permise ; elle ne le fut qu'un instant sous le règne d'Anastase.

Mais la thèse contraire fût-elle prouvée, quelles armes pourrait-elle fournir contre l'illégalité de l'adoption des enfants naturels dans notre Droit ?

On n'a pas jusqu'ici songé à faire remarquer la différence immense qui sépare les enfants naturels, dans nos mœurs, des

---

* Perezius et quelques autres docteurs admettent, mais *implicitement*, la même doctrine. — *Vid.* Perezius, Cod. *De natural. liberis*, et Cujas sur le même titre.

enfants naturels, *ex concubinâ suscepti*, chez les Romains. A Rome, le concubinat était loin de constituer des liaisons criminelles. Le commerce qu'il établissait était toléré par les lois religieuses, consacré, organisé par le droit civil. Les textes du Droit le qualifient de LICITA *consuetudo, de conjugium inæquale*; et* Paul écrivait dans ses sentences : *concubina ab uxore solo dilectu separatur**.*

Dans nos mœurs et d'après nos lois, au contraire, tout commerce placé en dehors du mariage légitime n'est qu'une débauche flétrie par les idées religieuses, improuvée par le droit civil.

Ainsi, à Rome, l'adrogation des enfants naturels n'eût blessé en rien la morale, du moins jusqu'à l'établissement du christianisme ; chez nous, au contraire, elle lui porte la plus rude atteinte.

Si nous avons insisté pour enlever à nos adversaires l'avantage de ce point de vue historique, c'est uniquement pour établir qu'à Rome la maxime *adoptio naturam imitatur* ne subissait pas autant d'exceptions qu'on a cru depuis longtemps pouvoir l'affirmer.

Reconnaissons donc qu'à Rome l'enfant naturel ne pouvait pas être adrogé par son père, et que, seulement dans un ordre d'idées différent, tout différent, l'adoption pouvait restituer les droits d'agnation à des descendants émancipés, ou tombés dans la catégorie des cognats par la dissolution de la puissance paternelle en vertu de causes autres que leur émancipation, ou bien les conférer à des descendants, toujours restés dans la catégorie des cognats.

---

* Cod. *De natural. liberis.*
** Liv. **2,** tit. **2.**

En France, on voit dans les premiers âges de la monarchie l'adoption fonctionner à d'assez rares intervalles. Et les principaux monuments de l'époque attestent que chez nos ancêtres, comme chez les Romains, l'adoption n'était considérée en thèse que comme un supplément de la nature.

On lit notamment dans une formule de Marculfe : *si quis* EXTRANEUM *hominem in loco filiorum adoptaverit*[*].

L'histoire tout entière de l'humanité reproduit les mêmes idées, les mêmes croyances, les mêmes traditions.

D'après la plupart des idées mythologiques de l'antiquité, l'adoption se consommait auprès du lit nuptial, *ante genitalem thorum*, pour indiquer que l'enfant était considéré comme s'il était le fruit du mariage, conçu sous son voile, descendu de ses sources sacrées[**].

Chez les barbares, comme aussi dans les formules des onzième et douzième siècles, celui qui veut adopter se saisit de l'enfant, le presse contre sa poitrine nue, et l'introduit sous son vêtement, le plus près de sa chair[***]. Symbole admirable, qui traduit aussi de la manière la plus significative l'idée que ces peuples se sont formée de cette institution ! L'adoptant presse l'enfant contre sa poitrine nue, contre son cœur, en signe de la tendresse et de l'affection qu'il lui a vouées ; il l'introduit sous

---

[*] Liv. 1, chap. 13. — Dans une formule d'adoption, faite en faveur d'un duc de Bretagne, l'adoptant disait : *ipsum quasi proprium filium et ex carne meâ genitum recepi.* — Lobineau, *Histoire de Bretagne*, tome I, p. 63. — Nous avons pensé qu'il serait inutile de parler de l'adoption militaire dont Montesquieu a mis en relief les caractères.

[**] Pline fait une allusion directe à ces idées dans son panégyrique de Trajan, § VIII.

[***] Michelet, Origines du Droit Français, v° *Adoption*.

son vêtement, le plus près de sa chair; il veut se l'identifier et se l'incorporer, se l'incarner en quelque sorte, c'est-à-dire faire par la pensée et par le rite ce que la nature n'a pas fait et ce qu'il veut opérer en l'imitant ! Mais s'il s'agissait d'un enfant naturel, si dans cet enfant l'adoptant reconnaît la chair de sa chair et les os de ses os, quel serait le sens des symboles dont nous venons de parler ?

En France, avec le système féodal disparaissent toutes les traces de l'adoption, qui demeure généralement inconnue à notre ancienne jurisprudence.

La révolution de 1789 éclate. La loi du 18 janvier 1792 décide que l'adoption sera ressuscitée. Le 29 janvier 1793, la convention nationale adopte, au nom de la patrie, la fille de Michel Lepelletier.

D'autres documents législatifs supposent l'adoption permise; mais aucune loi ne l'organise, aucune loi ne vient déterminer ni ses formes, ni ses conditions, ni ses effets, et le principe admis devint par suite le prétexte des plus coupables abus.

L'adoption des enfants naturels, comme celle des enfants adultérins, semble autorisée par la force même de l'absence de toute loi organique de l'institution. Du moins la jurisprudence le reconnaîtra.

A une époque contemporaine de la révolution avait paru le Code prussien, qui avait règlementé l'institution de l'adoption; ce Code la considérait plutôt comme une institution politique que comme une institution civile.

La commission chargée en l'an VIII, par le gouvernement, de rédiger le projet des lois nouvelles, garda le silence sur l'adoption.

Le tribunal de cassation et quelques tribunaux d'appel

réclamèrent contre cette lacune. La Section de législation du Conseil d'état fit droit à leurs observations, et répara cette omission en présentant au Conseil un projet sur l'adoption, dans la séance du 6 frimaire an X (27 novembre 1801).

Telles étaient à cette époque les traditions du droit et de l'histoire.

Examinons maintenant comment les hommes chargés d'élaborer notre législation moderne, c'est-à-dire les membres du Conseil d'état, vont l'envisager. C'est dire que nous entrons dans l'exploration de la première des périodes que nous avons indiquées.

PREMIÈRE PÉRIODE.

Du 6 frimaire an X (ou 27 novembre 1801) au 27 brumaire an XI (ou 18 novembre 1802).

C'est des discussions du Conseil d'état qui ont eu lieu dans le cours de cette période qu'argumentent les partisans du système de la validité de l'adoption; mais, hâtons-nous de le dire, ils n'argumentent taxativement que de ces discussions, par une prétérition fort commode pour eux de toutes les discussions qui ont eu lieu dans le cours de la seconde période; recherchant avec un soin minutieux tout ce qui s'est passé dans le sein du Conseil jusqu'au 27 brumaire an XI, mais ne s'en occupant plus depuis cette époque.

M. Locré est celui sur lequel doit peser la responsabilité des suites de cette production tronquée des discussions du Conseil d'état. On voit, en effet, que dans son *Esprit* du Code civil, ouvrage qu'il publia dès 1806, le secrétaire général du Conseil d'état donne un extrait littéral de la discussion qui a eu lieu du titre de l'adoption, le 16 frimaire de l'an **X**, et qu'il en déduit cette conséquence, que l'adoption de l'enfant naturel de la part du père qui l'avait reconnu était permise *. Plus tard M. Merlin, suivant la foi de M. Locré, se borna à reproduire d'après lui les extraits des mêmes procès-verbaux, et jusqu'ici on a vécu sur l'autorité de ces révélations. M. le procureur général Dupin lui-même les a acceptées comme formant l'élément unique de cette partie du débat, et la discussion qui a précédé l'arrêt du 16 mars 1843 n'a rien changé à cet état de choses.

Voici donc tout ce que disait à ce sujet M. Dupin dans son réquisitoire du 28 avril 1841. Je copie littéralement ** :

« Le fait que l'adopté était l'enfant naturel de l'adoptant, » fait non dissimulé, fait connu de la Cour qui a prononcé » l'adoption, est-il une cause de rescision de cette adoption ? » Telle est la question du fond, et nous sommes ainsi ramenés » à l'examen des dispositions du Code civil et de la discussion » qui l'a précédé.

» Il est assez remarquable que le projet du Code civil ne » comprenait pas l'adoption. Ce fut la Cour de cassation, à » qui le projet avait été renvoyé, ainsi qu'à toutes les cours » d'appel, qui, dans ses observations, proposa de remplir cette » lacune.

» Le Conseil d'état se saisit de ce projet, on le discuta. » L'adoption avait ses partisans et ses adversaires. M. de Mal- » leville n'en voulait pas ; M. Tronchet en voulait bien peu. » Le Premier Consul la défendait chaudement ; on l'a dit, il » avait, dans cette prédilection pour l'adoption, une arrière-

---

* Tom. IV, page 304.
** *Moniteur* du 5 mai 1841.

» pensée politique ; et c'est dans la crainte que cette pensée
» ne perçât avant le temps que tous les procès-verbaux relatifs
» à cette partie du Code ne furent pas d'abord imprimés ; c'est
» même pour dissimuler le motif de cette réserve que les pro-
» cès-verbaux de plusieurs autres séances, au nombre de
» vingt-un, ne furent pas non plus imprimés dans le temps.
» Mais ils l'ont été depuis ; leur authenticité ne saurait être
» douteuse ; les avocats des parties ont été aux archives véri-
» fier contradictoirement l'exactitude du texte qu'a publié
» M. Locré.

» Or, il résulte de cette publication la preuve non équi-
» voque que les rédacteurs du Code n'ont pas entendu in-
» terdire au père la faculté d'adopter son enfant naturel re-
» connu.

» Le Conseil d'état s'est occupé de cette question à plusieurs
» reprises. Dès la première séance, celle du 6 frimaire an X,
» on tira argument contre la question même de ce que le
» projet, ne défendant pas l'adoption des enfants naturels,
» l'autorisait par son silence, encourageait ainsi le célibat,
» donnait la possibilité de communiquer à ces enfants les
» droits légitimes, et d'éluder les dispositions qui les réduisent
» à une simple créance sur la succession de leur père.

» Mais bientôt la question de l'adoption des enfants naturels
» fut abordée directement. La discussion de la condition
» alors proposée, d'être ou d'avoir été marié, ne tarda pas à
» s'engager.

» La Section, en proposant cette condition, n'avait entendu
» interdire l'adoption des enfants naturels qu'aux célibataires,
» dans la crainte que la faculté de se donner des enfants
» adoptifs ne les détournat du mariage. Dans cet ordre de
» pensées, le mariage était comme une conscription à laquelle

» il fallait avoir satisfait ; mais dès qu'une fois on avait passé
» par le mariage, l'homme devenu veuf pouvait adopter l'enfant
» qu'il avait eu avant d'être marié.

» Cette restriction fut vivement combattue.

» On dit qu'il convenait sans doute, dans l'intérêt du ma-
» riage, de ne pas autoriser expressément le père ou la mère à
» placer leurs enfants naturels sur la même ligne que leurs en-
» fants légitimes; mais que, proscrire l'adoption de ces enfants,
» uniquement dans l'intérêt des collatéraux, qui ne doit jamais
» l'emporter sur celui des enfants, serait se montrer injuste et
» cruel envers des malheureux qu'on punirait de la faute de
» leur père, et refuser à ce père lui-même le moyen de réparer
» les suites de sa vie licencieuse; qu'inutilement on s'alarmerait
» pour l'union conjugale, l'opinion suffit pour lui assurer la
» préférence sur le concubinage.

» Le Conseil adopta la condition proposée, et décida ainsi
» implicitement, d'après l'explication que la section avait donnée
» sur la manière dont elle entendait l'article, que l'adoption
» des enfants naturels serait permise, mais dans le cas seule-
» ment ou le père serait où aurait été marié.

» Dans la suite de la séance, en traçant un nouveau plan du
» titre, on marqua la place où pourrait être colloquée une
» disposition qui distinguerait le cas favorable où le père vou-
» drait adopter son enfant naturel et celui où il n'aurait pour
» héritiers que des collatéraux.

» La matière de l'adoption n'étant pas encore suffisamment
» approfondie, les observations faites furent renvoyées à
» la Section, pour qu'elle les pesât et présentât une rédaction
» nouvelle.

» Cette rédaction fut présentée dans la séance du 14 fri-
» maire, et discutée dans celle du 16 seulement. Elle contenait

» un article ainsi conçu : Celui qui a reconnu dans les formes
» établies par la loi un enfant né hors du mariage, ne peut
» l'adopter ni lui conférer d'autres droits que ceux qui résul-
» tent de cette reconnaissance; mais, hors ce cas, il ne sera
» admis aucune action tendant à prouver que l'enfant adopté
» est l'enfant naturel de l'adoptant. — Art. 9.

» On remarquera que, dans ce système, l'adoption des enfants
» naturels reconnus aurait seule été introduite. C'est donc dans
» ces termes qu'il faut prendre la question , et c'est aussi dans
» ces termes qu'elle a été décidée contre la proposition de la
» Section du Conseil.

» On objecte que l'article pourrait compromettre l'état des
» enfants naturels, parce qu'il serait possible qu'afin de se
» ménager la faculté de les adopter, le père différât de les re-
» connaître, et qu'il vînt à mourir sans les avoir ni adoptés ni
» reconnus.

» Le rapporteur ne dissimula pas qu'il trouvait la disposition
» trop sévère, et dit qu'elle n'avait été ajoutée que par la
» crainte de contredire celle qui ne donne aux enfants naturels
» reconnus qu'une créance.

» Un autre membre, M. Emmery, donna la raison décisive,
» celle qui entraîna la résolution du Conseil; il fit remarquer
» que la créance est le droit commun, et l'adoption le cas par-
» ticulier ; et il conclut, en conséquence, à la suppression de
» l'article.

» L'article fut supprimé.

» Voyez, messieurs, quelle est l'énergie de ce rejet : un ar-
» ticle prohibitif avait été jugé nécessaire par ceux qui ne vou-
» laient pas qu'un père pût adopter son enfant naturel reconnu.
» Cet article fut proposé en termes clairs, précis, énergiques.

» S'il eût été admis, nul doute que ces enfants n'eussent été
» incapables d'être adoptés ; mais il a été rejeté ; la conséquence
» contraire est donc certaine, elle est irrésistible.

» Dans une séance subséquente, celle du 4 nivôse an **X**,
» où il s'agissait de l'adoption de l'enfant qui n'aurait pas de
» parents connus, M. Tronchet reproduisit et soutint la pro-
» position d'exclure absolument l'adoption des enfants naturels ;
» mais il fut seul de son avis. Le Premier Consul lui répondit :
» qu'il serait au contraire heureux que l'injustice de l'homme
» qui, par ses déréglements, a fait naître un enfant dans la
» honte, pût être réparée sans que les mœurs en fussent bles-
» sées ; qu'on offenserait assurément les mœurs si l'on donnait
» aux bâtards la capacité de succéder ; mais que les mœurs ne
» sont plus outragées si cette capacité leur est rendue par
» l'adoption. Le moyen ingénieux de les faire succéder comme
» **enfants adoptifs**, et non comme bâtards, concilie la justice
» avec l'intérêt des mœurs. D'ailleurs, ajouta M. Réal, c'est
» dans la supposition que l'adoption pourrait réparer le préju-
» dice que la sévérité de la loi cause aux enfants naturels que
» le Conseil d'état a précédemment réglé avec plus de rigueur
» les effets de la reconnaissance de ces enfants. Au surplus, dit
» le ministre de la justice, on ne gagnerait rien en les excluant
» de l'adoption ; car, pourvu que le père ne les reconnût
» pas, il ne tiendrait qu'à lui de les instituer ses légataires
» universels.

» M. Portalis proposa de garder le silence sur l'adoption des
» enfants naturels, et c'est ce qu'on fit.

» L'intention qui a présidé à la rédaction du Code civil ne
» saurait donc être douteuse. Aussi, à l'apparition de ces pro-
» cès-verbaux, M. le procureur général Merlin, qui d'abord
» s'était prononcé contre l'adoption des enfants naturels re-

» connus, n'hésita pas à revenir sur cette opinion et se rendre
» à ce qu'il appelait l'évidence dans son objection *. »

Voilà comment M. Dupin prouve que l'intention du Conseil
d'état a été d'admettre l'adoption de l'enfant naturel légalement
reconnu; il la puise, cette intention, dans la suppression (séance
du 16 frimaire an X) de l'article 9 du projet, qui voulait, par
une disposition explicite, refuser au père la faculté d'adopter
l'enfant naturel qu'il aurait légalement reconnu, suppression
qui fut maintenue à la suite de la discussion du 4 nivôse an X,
et contrairement à l'opinion de M. Tronchet, sur l'insistance
de M. Réal et surtout du Premier Consul, qui s'était montré
favorable au système de l'adoption.

Nous ne voulons faire ici aucune observation sur les conséquences rigoureuses que M. le procureur général déduit des
faits établis ; ces observations seraient, comme on le verra bientôt, tout à fait inutiles ; nous voulons au contraire reconnaître
avec lui que ces conséquences sont invincibles, et qu'au 16
frimaire an X l'intention bien positive du Conseil était d'admettre l'adoption dont il s'agit. Mais est-ce bien là le dernier
mot du Conseil sur la question? ou plutôt le projet arrêté en
l'an X est-il le dernier, et dans les projets délibérés et adoptés
postérieurement n'inséra-t-on aucune disposition, n'imposa-
t-on à la validité de l'adoption en général aucune disposition
qui excluait nécessairement la faculté pour le père naturel
d'adopter l'enfant qu'il aurait légalement reconnu ? C'est ce
qu'il faut examiner en passant à l'examen de la deuxième
phase.

---

* M. Merlin a plus tard fait retour à sa première opinion. — Répertoire, vº *Adoption*, dernière édition.

DEUXIÈME PÉRIODE.

Du 27 brumaire an XI (18 novembre 1802) au 5 ventôse an XI
(24 février 1803).

La discussion du titre de l'adoption fut interrompue depuis le 4 nivôse an X jusqu'au 27 brumaire an XI, c'est-à-dire pendant onze mois et vingt-un jours. Un message du 12 nivôse an X avait commandé cette interruption. Ce message était relatif à la suspension générale de tous les travaux préparatoires du Code, suspension que le gouvernement avait jugée nécessaire par suite de l'opposition que les premiers projets avaient rencontrée dans le sein du Tribunat [*].

Quelques jours avant la reprise de cette discussion, c'est-à-dire le 20 de ce même mois de brumaire an XI, la Section de législation avait reçu du consul Cambacérès l'ordre d'examiner si, d'après les objections par lesquelles le projet avait été combattu, il convenait de maintenir l'adoption ou d'y renoncer.

C'est qu'en effet le principe même de l'adoption avait rencontré dans le sein du Conseil et au dehors de nombreux adversaires. Cette opposition, qui doit peu surprendre, toutes les fois qu'il s'agit d'une institution nouvelle pour un pays, était on ne peut plus sérieuse.

Les uns reprochaient à l'adoption de tendre au retour des idées aristocratiques, en devenant l'apanage exclusif des familles favorisées de la fortune ; c'étaient, on le devine bien, les hommes de la gauche. Ils déroulaient, avec une sorte de complaisance, le tableau des abus qu'elle avait entraînés chez

---

[*] On trouve la formule du message dans M. Locré, *Législation civile*, 1, 85.

les peuples anciens, et notamment à Rome. Les autres l'accusaient de ravir aux héritiers légitimes les droits attachés à cette légitimité, et de jeter ainsi la perturbation dans les lois relatives à la transmission des biens. Ceux-ci repoussaient de toutes leurs forces une institution qui devait naturellement encourager le célibat, et porter ainsi au mariage, et avec lui aux mœurs publiques, une atteinte préjudiciable; ceux-là redoutaient les conséquences d'un lien irrévocable, qui, formé quelquefois sous l'influence d'une illusion ou d'un entraînement du cœur, pouvait devenir plus tard onéreux et insupportable à ceux qu'il étreindrait pendant toute leur vie. Il en était qui, sans se prononcer, ni pour ni contre, d'une manière absolue, estimaient qu'il pourrait y avoir de grands dangers à introduire dans nos mœurs une fiction que notre ancienne jurisprudence n'avait pas admise et dont la révolution avait fait un si déplorable usage.

Et parmi ceux qui l'adoptaient en principe, combien de dissentiments sur les conditions et sur le mode d'exécution! Selon les uns, elle devait constituer une institution purement politique, tandis que d'autres, d'un avis tout à fait opposé, ne l'admettaient que comme institution purement civile. Pour ce qui était des conditions, même dissentiment; les uns admettaient l'adoption des mineurs, les autres la croyaient essentiellement dangereuse ; ceux-ci la refusaient aux hommes qui n'étaient pas mariés ou qui ne l'avaient pas été, tandis que ce sentiment était vivement combattu par beaucoup d'autres. Et quand il fallut déterminer l'autorité qui devrait sanctionner l'adoption, on ne s'accordait pas davantage : qui donnait la préférence aux tribunaux, qui voulait un sénatus-consulte, qui exigeait l'intervention du corps législatif. On n'avait pas d'ailleurs songé, notons-le bien pour l'intelligence de tout ce

qui va suivre, à subordonner l'adoption à la condition de services antérieurs rendus à l'adopté par l'adoptant, ou réciproquement ; comme aussi l'idée de la tutelle officieuse n'avait
pas encore surgi ; il ne faut pas s'en étonner, on marchait en
général sur les traditions du droit romain et de l'ancienne
jurisprudence. Or, le droit romain, si fécond sur les théories
de l'adoption, n'exigeait pas les conditions dont nous venons
de parler ; pour l'ancienne jurisprudence, elle était, comme on
l'a dit, nécessairement stérile sur ce point. Les auteurs du
premier projet avaient fait de larges emprunts au système de
l'adoption, tel qu'il avait été organisé par le Code prussien ;
mais ce Code était lui-même muet sur la nécessité des services
préalables ; et quant aux lois postérieures à 1789, elles n'a-
vaient fait, comme on l'a vu, que consacrer le principe, sans
s'occuper de son organisation.

Les dissentiments sur le principe et sur l'exécution, qui
se traduisent longuement dans les procès-verbaux des séances
de la première période, avaient dû naturellement préoccuper
le gouvernement ; et bien que le Premier Consul eût contribué
plus que tout autre à écarter jusqu'ici les objections pour faire
adopter cette institution par le Conseil, il n'avait pu s'empêcher
de s'émouvoir de l'impression que les esprits en avaient res-
sentie au dehors ; ce qui explique l'ordre donné à la Section de
revenir sur le principe lui-même, de le soumettre à un nouvel
examen, avant d'opérer une rédaction nouvelle du projet à la
suite des observations faites et des amendements adoptés dans
la séance du 4 nivôse an X.

Quand la Section reçut l'ordre du consul Cambacérès de
faire subir un nouvel examen à l'admission du principe même
de l'adoption, la rédaction nouvelle du projet, tel qu'il avait été
réglé en l'an X, était déjà arrêtée. — M. Berlier, constam-

ment chargé de cette rédaction, communiqua ce nouveau projet à la séance du 27 brumaire an XI (18 novembre 1802). — Puis il s'expliqua sur le résultat de la délibération de la Section, en ce qui touchait le nouvel examen du principe même, et il déclara que plusieurs de ses membres avaient persisté à le combattre, et que ceux mêmes qui étaient partisans de l'adoption comme institution civile avaient reconnu que la somme des inconvénients qu'elle présentait était supérieure à la somme des avantages qu'elle pouvait offrir, et que par suite ils y avaient renoncé.

Par ces divers motifs, la Section concluait au rejet pur et simple du titre de l'adoption , et se contentait de proposer une loi pour valider les adoptions actuellement consommées et en déterminer les effets *.

La discussion s'engage d'abord sur cette communication relative à la question principale et *préjudicielle* de l'admission ou du rejet de l'adoption en principe.

MM. Bigot-Préameneu et Tronchet insistent vivement dans le sens des conclusions de la Section , pour faire prononcer le rejet pur et simple de l'adoption ; ils résument en peu de mots tous les reproches qu'on pouvait lui adresser. Parmi ces reproches, il en est un principal, c'est que (d'après M. Bigot-Préameneu) le père adoptif ne trouvera pas, dans celui qu'il adopte, le dévouement et la tendresse qu'on a droit d'attendre d'un enfant naturel, et que (d'après M. Tronchet) les personnes entre lesquelles l'adoption aura lieu seront souvent trompées dans leur attente, les regrets tardifs du père convertissant en malheur pour l'enfant cette même adoption , qui ,

* Locré, t. VI, pag. 362-363. — Fenet, t. X, page 362.

dans l'opinion du législateur, devait devenir la source de leur félicité réciproque.

L'adoption est défendue par MM. Treilhard, Regnault (de Saint-Jean-d'Angely), Cambacérès, et surtout par le Premier Consul, qui à tout prix veut la faire prévaloir. Le Premier Consul insiste pour faire admettre l'adoption, comme il avait insisté pour l'admission du divorce par consentement mutuel. Les préoccupations de l'homme politique dominent ici le législateur. L'époux de Joséphine, désespérant de voir son mariage fécondé, espère trouver dans le divorce ou dans l'adoption un remède à la situation qui limite l'avenir de sa race *.

On avait fait ressortir, au nombre des inconvénients de l'adoption, celui de couvrir les avantages qu'un père voudrait faire à ses enfants naturels. M. Treilhard répondit à cette objection en disant : « L'inconvénient de couvrir les avantages qu'un père » veut faire à ses enfants naturels n'a rien de réel. En effet, si » les enfants sont reconnus, *ils ne peuvent être adoptés ;* s'ils » ne le sont pas, leur origine est incertaine **. »

On reprochait encore à l'adoption d'être une conséquence d'un régime nobiliaire, de servir à la vanité ; le Premier Consul, qui se garde bien de combattre tout ce qui a été dit relativement à l'adoption des enfants naturels et les précisions faites par M. Treilhard, répond :

« L'adoption a des avantages plus réels : elle sert à se pré- » parer pour la vieillesse un appui et des consolations plus sûrs » que ceux qu'on attendrait des collatéraux ; elle sert au commer-

---

* *Vid.* M. Locré, tome Ier, Prolégomènes historiques sur la confection du Code civil. — Thibaudeau, *Histoire du Consulat ;* Capefigue, *ibidem.*

** Fenet, *ibid.,* 372.

» çant, au manufacturier, *privés d'enfants*, à se créer un aide
» et un successeur[*]. »

Puis, répondant directement à M. Tronchet, le Premier
Consul ajoute que « l'effet le plus heureux de l'adoption sera
» de donner des enfants à celui qui en *est privé*, de donner
» un père à des enfants devenus orphelins, de lier enfin à l'en-
» fance la vieillesse et l'âge viril.

» *Au reste*, dit-il, *il est possible de ne l'admettre que*
» *sous des conditions , d'exiger, par exemple, qu'elle n'ait*
» *lieu qu'entre celui qui a rendu des services et celui qui en*
» *a reçu.*

» Ainsi, les soins qu'un individu aurait eus d'un enfant en
» bas âge l'autoriseraient à l'adopter; les services qu'il aurait
» reçus de l'adulte lui donneraient la même faculté ! Il y a
» plus, l'adoption d'un majeur serait absurde si elle n'avait
» pour motif la reconnaissance de celui qui l'adopte[**]. »

Le projet est renvoyé à la Section pour préparer une rédaction conforme aux observations faites dans le cours de la discussion.

Nous venons de franchir le point culminant qui sépare tous
les projets antérieurs des projets qui vont suivre; nous voici
placés sur un terrain essentiellement différent de celui que
nous avions jusqu'ici exploré. Les dernières paroles de Napoléon ont décidé du sort de l'adoption ; elles ont définitivement
assuré son intervention dans nos lois, comme aussi elles vont
lui imprimer un caractère tout particulier qu'elle n'avait eu ni
dans les projets primitifs ni dans la législation des autres
peuples.

[*] Fenet, *ibid.*, page 373.
[**] Fenet, *ibid.*, page 374. — Locré, *ibid.*, page 843.

L'amendement ou la précision du Consul, qui consistait à ne l'admettre que sous la condition de SERVICES *antérieurs*, va devenir l'idée mère de tous les projets qui vont suivre.

La Section de législation s'est recueillie; elle a mesuré et apprécié tout ce qu'il y avait de profond, de sage, de moral, de politique même dans l'idée de Napoléon : cette idée fondamentale, elle l'accepte avec empressement, elle ne s'occupe plus qu'à la féconder, à la développer et à déterminer la nature et la durée des services.

La lumière a jailli; il ne s'agit plus que d'en économiser les rayons.

En effet, quinze jours après, c'est-à-dire le 11 frimaire an XI (2 décembre 1802), le Conseil s'assemble de nouveau, et M. Berlier lui propose, au nom de la Section, le projet suivant, sur les combinaisons duquel nous appelons toute l'attention du lecteur; car nous allons pénétrer dans la partie la plus intime de notre système. Nous allons saisir vivante, s'échappant de son foyer, la pensée nouvelle du législateur.

Voici en son entier le texte de ce projet :

« Art. 1er. L'adoption aura lieu dans deux cas : l'un en fa-
» veur d'enfants auxquels l'adoptant aura rendu des services
» durant leur minorité; l'autre en faveur d'individus, même
» majeurs, dont l'adoptant aura lui-même reçu d'importants
» services.

» *De l'adoption des enfants auxquels l'adoptant aura*
» *rendu des services durant leur minorité.*

» Art. 2. Tout individu de l'un ou de l'autre sexe qui,
» avant d'adopter l'enfant, voudra se l'attacher par des liens
» authentiques, déclarera au juge de paix du domicile de
» cet enfant l'intention où il est de l'adopter, et se soumettra
» dès ce moment à le recevoir et garder jusqu'à sa majorité,

» pour en prendre soin et le traiter en bon père de famille.
» Le même acte contiendra la soumission de payer au mineur
» une somme déterminée, à titre d'indemnité, si, à l'époque
» de sa majorité, l'adoption n'a point eu lieu.

» Art. 3. Les déclaration et soumission énoncées dans l'ar-
» ticle précédent devront être acceptées au nom de l'enfant
» par ses père et mère, ou par le survivant d'entre eux ; ou, à
» leur défaut, par un tuteur muni de l'autorisation d'un con-
» seil de famille ; ou enfin, si l'enfant n'a pas de parents
» connus, par les administrateurs de l'hospice où il aura été
» recueilli, ou par la municipalité du lieu de sa résidence.

» Après cette acceptation, l'enfant sera remis à la personne
» qui se propose de l'adopter, et qui, à dater de ce jour, exer-
» cera sur lui l'autorité paternelle.

» Art. 4. Le mineur dont il est parlé aux précédents arti-
» cles devra être âgé de moins de dix-huit ans lors des actes
» préliminaires de l'adoption.

» Lorsqu'il sera devenu majeur, s'il accepte l'adoption, et
» que l'adoptant y persévère, le contrat d'adoption sera dressé
» par le juge de paix, et ne sera néanmoins valable qu'après
» qu'on aura rempli les formalités dont il sera parlé ci-après.

» Art. 5. On pourra adopter, même sans les préliminaires
» ci-dessus, tout individu qu'on aura recueilli mineur, et au-
» quel on aura donné des soins continués pendant six années
» au moins.

» A la majorité de ce dernier, et après l'expiration desdites
» six années de soins, le contrat d'adoption sera passé en la
» forme indiquée par l'article 4.

» Art. 6. Tout contrat d'adoption sera transmis au commis-
» saire du gouvernement près le tribunal de première instance,
» et soumis à l'homologation de ce tribunal.

» Art. 7. Le tribunal, réuni dans la chambre du conseil ,
» et après s'être procuré les renseignements convenables, exa-
» minera 1° si toutes les conditions de la loi sont remplies ;
» 2° si la personne qui se propose d'adopter jouit d'une répu-
» tation honnête ; 3° quelle a été sa conduite envers l'enfant.

» Après avoir entendu le commissaire du gouvernement ,
» et sans aucune autre forme de procédure, le tribunal pronon-
» cera , sans énoncer de motifs, en ces termes : Il y a lieu ou
» il n'y a pas lieu à l'adoption.

» Art. 8. Le jugement du tribunal de première instance
» sera , de plein droit, soumis au tribunal d'appel, qui instruira
» dans les mêmes formes que le tribunal de première instance,
» et prononcera sans énoncer de motifs : Le jugement est con-
» firmé, ou le jugement est réformé ; et en conséquence il y
» a lieu ou il n'y a pas lieu à l'adoption.

» L'adoption ne sera parfaite que du jour du jugement rendu
» par le tribunal d'appel ; et l'inscription de l'adoption sur les
» registres de l'état civil n'aura lieu qu'à la vue d'une expédi-
» tion en forme de ce jugement.

» *De l'adoption des individus dont l'adoptant lui-même*
» *aurait reçu d'importants services.*

» Art. 9. Tout individu qui aura rendu à un autre d'impor-
» tants services, tels que de lui avoir sauvé la vie, l'honneur
» ou la fortune, pourra être par lui adopté , sans autre condi-
» tion que celle d'être moins âgé que l'adoptant.

» Art. 10. Si l'individu qui aura rendu les services exprimés
» dans l'article précédent est mineur , et que celui qui les aura
» reçus veuille se l'attacher, avant la majorité , par les actes
» préliminaires énoncés aux articles 2 et 3 , il y sera pourvu
» conformément à ces articles.

» S'il est majeur, le contrat d'adoption pourra être immé-
» diatement passé devant le juge de paix.

» Dans l'un et l'autre cas, l'instruction et le jugement de
» l'adoption suivront les formes établies par les art. 7 et 8.

» Art. 11. Les tribunaux vérifieront, outre la moralité de
» l'adoptant, 1° si les services articulés sont vrais ; 2° s'ils sont
» de la nature de ceux exigés par l'art. 9.

» Dispositions communes à tous les cas d'adoption *. »

(Les articles qui suivent n'ont plus aucun trait à la question.)

Ce projet n'est, comme on peut en juger à la lecture, que
la formule législative accommodée aux développements naturels
des précisions faites par Napoléon à la fin de la séance du 27
brumaire an XI.

Examinons-en maintenant une à une les dispositions principales : procédons, pour un instant, comme s'il avait été adopté
tel quel par le Corps législatif, s'il constituait pour nous la loi
vivante, et voyons si l'ensemble de ces textes n'exclut pas,
virtuellement, nécessairement, la faculté pour le père d'adopter l'enfant naturel qu'il aurait reconnu.

Je laisse à l'écart la disposition de l'article 14 du projet, qui
disposait que l'un des effets de l'adoption consisterait à conférer
le nom de l'adoptant à l'adopté ; disposition qui suppose bien
que l'adopté ne portait pas déjà ce nom ; cette précision se rencontre dans les projets antérieurs, et je ne veux m'attacher ici
qu'à l'examen des dispositions nouvelles, des innovations que
le projet renferme, de ce qui le distingue de tous ceux qui
l'ont précédé.

Remarquez d'abord la formule de l'article premier, qui consacre le principe du projet tout entier.

---

* Fenet, *ibid.*, pages 374, 375, 376.—Locré, *ibid.*, page 548 et suiv.

L'adoption aura lieu dans deux cas : l'un en faveur d'enfants auxquels l'adoptant aura rendu des services durant leur minorité; l'autre en faveur d'individus, même majeurs, dont l'adoptant lui-même aura reçu d'importants services.

Voilà donc la base nouvelle de toute adoption, les SERVICES rendus par l'adoptant à l'enfant qu'il veut adopter; les services rendus par celui qui doit être adopté à celui qui veut l'adopter. Voilà la condition *sine quâ non* à laquelle l'a soumise la pensée de Napoléon, et les mots eux-mêmes dont il s'est servi sont conservés par le projet.

Eh bien ! j'affirme qu'il y a dans ce seul article premier du projet la condamnation la plus énergique et la plus manifeste du système qui autoriserait un père à adopter son enfant naturel légalement reconnu. Pourquoi? Parce qu'un père et un fils ne peuvent se rendre, dans le sens du projet, les *services* exigés comme condition substantielle de l'adoption.

Le père naturel comme le père légitime ont des devoirs rigoureux à remplir envers leurs enfants : ces devoirs sont réciproques. Ce n'est pas la loi qui a créé ces devoirs, c'est la nature elle-même; il est impossible de les qualifier de *services*. L'idée comme l'expression ont quelque chose de blessant pour le père comme pour le fils.

Les services dont parle le projet, ce sont ces actes de bienfaisance et de libéralité que l'on accomplit spontanément, sans que l'on y soit obligé par aucun lien émanant de la nature ou consacré par la loi, *nullo jure cogente;* les services, ce sont ces actes que les Latins, et notamment Cicéron* et Sénèque**, qualifient de *beneficium*, de *gratia*, ces bons offices que Sé-

* *De Officiis (passim).*
** *De Beneficiis (passim).*

nèque définissait si bien lorsqu'il disait : *Quid est ergo bene-*
ficium ? Benevola actio, tribuens gaudium, capiensque tri-
*buendo, et in id quod facit prona, et spontè sua parata**.

Or, la bienfaisance, la charité, la miséricorde ne peuvent
être invoquées là où parle la loi impérieuse du devoir sanctionné par les textes du droit civil. Un père et un fils ne peuvent donc se rendre des *services*, ils ne peuvent qu'acquitter
une dette, et que remplir les devoirs que leur qualité leur
impose.

Donc le père et l'enfant naturel ne peuvent jamais se placer
dans les conditions du projet; ils en sont exclus nécessairement par leur qualité.

Et voyez comme cette première conséquence devient pour
vous plus saisissante, s'il est possible, lorsque vous entrez
dans le détail des autres textes qui sont le développement du
premier !

Livrons-nous à cet examen !

Le projet continue :

« *De l'adoption des enfants auxquels l'adoptant aura*
» *rendu des services durant leur minorité.*

» Art. 2. Tout individu de l'un ou de l'autre sexe qui
» avant d'adopter un enfant voudra se l'attacher par des liens
» authentiques, déclarera au juge de paix du domicile de cet
» enfant l'intention où il est de l'adopter, et se soumettra dès
» ce moment à le recevoir et garder jusqu'à sa majorité, pour
» en prendre soin et le traiter en bon père de famille.

» Le même acte contiendra la soumission de payer au mineur
» une somme déterminée, à titre d'indemnité, si, à l'époque
» de sa majorité, l'adoption n'a point eu lieu.

---

* *De Beneficiis*, lib. **1**, vi.

» Art. 3. Les déclaration et soumission énoncées dans l'ar-
» ticle précédent devront être acceptées au nom de l'enfant
» par ses père et mère, ou, à leur défaut, par un tuteur muni
» de l'autorisation d'un conseil de famille ; ou enfin, si l'enfant
» n'a pas de parents connus, par les administrateurs de l'hos-
» pice où il aura été recueilli, ou par la municipalité du lieu
» de sa résidence.

» Après cette acceptation, l'enfant sera remis à la personne
» qui se propose de l'adopter, et qui, à dater de ce jour, exer-
» cera sur lui l'autorité paternelle...

» Art. 5. On pourra adopter, même sans les préliminaires
» ci-dessus, tout individu qu'on aura recueilli mineur, et au-
» quel on aura donné des soins continus pendant six années
» au moins...

» Art. 7. Le tribunal, réuni dans la chambre du conseil.
» et après s'être procuré les renseignements convenables, exa-
» minera 1° si toutes les conditions de la loi sont remplies;
» 2° si la personne qui se propose d'adopter jouit d'une répu-
» tation honnête; 3° quelle a été sa conduite envers l'enfant... »

La nature et l'étendue des services que l'adoptant aura dû
rendre pour avoir le droit d'adopter un enfant sont donc ap-
préciées avec soin.

Reprenons ces précisions et considérons si elles ne s'accor-
dent pas à exclure toute idée d'adoption dans le cas donné.

L'article 2 parle de celui qui voudra, avant d'adopter un
enfant, se l'attacher par *des liens authentiques ;* mais le lien
qui unit le père naturel à l'enfant reconnu ne constitue-t-il pas
un lien authentique ? On sait que la reconnaissance ne peut
avoir lieu (le Code l'avait décidé à cette époque, art. 334) que
par un acte authentique. *Il se soumettra dès ce moment à le recevoir et garder jusqu'à sa majorité, pour en prendre soin et*

le traiter en bon père de famille... IL SE SOUMETTRA ; mais le père s'y est déjà soumis par le fait de la reconnaissance de sa paternité ; cette paternité lui avait déjà imposé l'obligation de garder cet enfant, de l'entretenir, et de le traiter en bon père de famille. Oui, sans doute, cette sorte de recommandation se conçoit pour celui qui n'est pas le père ; mais pour celui qui s'est déclaré tel !... Oui, de la part de celui qui n'est pas père, se charger, de son propre mouvement, de l'enfant d'un autre, s'obliger de le recevoir, de le garder jusqu'à sa majorité, pour en prendre soin et le traiter en bon père de famille, c'est une œuvre généreuse, c'est un acte de bienfaisance, c'est un grand service dans le sens de la loi ; il y a du dévouement, beaucoup de dévouement à se soumettre ainsi, quand on n'y est pas tenu, aux charges de la paternité, même pendant un temps donné ; c'est on ne peut plus digne d'éloges. Mais le père naturel qui remplit ces charges n'a aucun mérite ; s'il ne le faisait pas volontairement, l'enfant ne manquerait pas de l'y contraindre. — Continuons :

Après l'acceptation de la soumission, l'enfant sera remis à la personne qui se propose de l'adopter, et qui, *à dater de ce jour,* exercera sur lui l'autorité paternelle. A DATER DE CE JOUR, car le projet exclut nécessairement l'idée que la puissance paternelle puisse déjà exister de la part de celui qui veut adopter. Sans doute la puissance qu'a un père sur son enfant naturel n'est pas aussi étendue que celle de l'ascendant légitime ; mais elle n'en est pas moins consacrée par la loi ; l'article 158 du Code civil, déjà décrété à l'époque de la présentation du projet, ne permet pas d'en douter.

L'article 5 dispense de tout préliminaire l'individu qu'on aura *recueilli mineur* et auquel on aura donné des soins pendant six années au moins.

Voilà encore, dans un sens différent du premier, un genre de services qualifiés et caractérisés ; AVOIR RECUEILLI un mineur; RECUEILLI, ce qui, dans la même pensée, suppose un orphelin abandonné, sans parents connus, sans asile. Les soins seront continués pendant *six années au moins*. Voyez la précision sur la durée des services ! Mais un père ne doit pas donner des soins pendant *six années au moins ;* il doit des soins incessants.

Et ces soins, comme on l'a déjà dit, ne constituent pas assurément des services. Le débiteur qui ne fait qu'acquitter ce qu'il doit ne rend pas des services à son créancier. — Or le père est débiteur. On juge que *celui qui a fait l'enfant doit le nourrir*, disait Loisel *.

Passons maintenant à l'adoption des individus dont l'adoptant lui-même aurait reçu d'importants services. On l'a vu, le texte porte :

« Art. 9. Tout individu qui aura rendu à un autre individu » d'importants services, tels que de lui avoir sauvé la vie, » l'honneur ou la fortune, pourra être par lui adopté, sans » autre condition que celle d'être moins âgé que l'adoptant...

» Art. 11. Les tribunaux vérifieront, outre la moralité de » l'adoptant, 1° si les services articulés sont vrais, 2° s'ils sont » de la nature de ceux exigés par l'article 9... »

C'est donc toujours la même pensée que nous rencontrons. Quand il s'agit de services rendus à des enfants par celui qui veut les adopter, c'est leur pauvreté secourue, leur faiblesse protégée ; c'est la bienfaisance exercée à l'égard du jeune âge, qui captive tout l'intérêt du législateur; les services rendus à un majeur par celui qui veut l'adopter sont impuissants ; il faut nécessairement qu'ils soient rendus à celui qui est en état

* *Institutes coutumières*, liv. 1er, *Des personnes*, tit. 1, LXI.

de minorité. Les services ne sont jamais aussi précieux que lorsqu'on les a reçus dans l'enfance. C'est de ces services que dépendent l'éducation, le développement de l'intelligence et du cœur, l'avenir tout entier.

Quand il s'agit de services rendus dans l'ordre inverse par celui qui veut être adopté à celui par qui il veut être adopté, ces services sont d'une autre nature : il faut avoir, par exemple, sauvé la vie, l'honneur ou la fortune de celui par qui on désire être adopté. Je dis *par exemple*, pour faire remarquer que le texte de l'article 9 est purement *démonstratif*.

La solution n'est pas plus embarrassante dans ce cas que dans ceux précédemment examinés. Qu'un individu sauve généreusement la vie à son semblable; qu'il sauve par de généreux sacrifices, par une abnégation dont on voit de rares exemples, son honneur et sa fortune, on comprend qu'en lui rendant cet important service, il a fait un acte de dévouement qui n'est pas ordinaire, qu'il a acquis des droits à sa reconnaissance, et que la loi autorise dans ce cas l'adoption à titre de rémunération. Mais pour l'enfant naturel, comment pourrait-il prétendre à une rémunération quand il n'a fait, en se dévouant, que ce que lui commandait sa qualité de fils ? Entre un étranger qui expose ses jours pour sauver ceux de son semblable, qui prend généreusement parti pour lui dans un procès capital dirigé contre son honneur ou sa fortune, qui lutte et parvient à sauvegarder ses intérêts les plus chers, et le fils s'associant à la cause de son père et conservant son existence, quelle similitude peut-on établir ? En sauvant la vie de son père, le fils n'a fait qu'obéir au cri parti du fond de ses entrailles, *motus caritate sanguinis*, comme l'a dit quelque part Ulpien ; il a sauvé un autre lui-même ; en sauvant son honneur, il a sauvé le sien propre, car il porte son nom. En sauvant sa fortune, il a fait sa propre condition meilleure, puisqu'un jour il doit posséder une partie de cette fortune. La similitude n'est donc pas possible ; l'adoption ne peut donc pas lui être conférée.

Et si nous avions besoin d'autres preuves puisées dans d'autres parties du texte, nous n'aurions qu'à invoquer l'art. 10, qui explique aussi très-nettement le sens et l'esprit de l'article 9 prémentionné, en disposant que : « Si l'individu qui aura » rendu les services exprimés dans l'article précédent est mi- » neur, et que celui qui les aura reçus veuille se l'attacher » avant sa majorité, par les actes préliminaires énoncés aux » articles 2 et 3, il y sera procédé conformément à ces articles. » Or, l'examen des articles 2 et 3 a été, comme on l'a vu, décisif. La corrélation qui existe entre les articles 9 et 10 est donc on ne peut plus significative, et il y a dans notre manière d'apprécier le projet unité parfaite, en ce sens que, d'après nous, de même que le père ne peut rendre à l'enfant naturel les services *ordinaires* dont parlent les articles 2 et 5 du projet, de même il ne pourra recevoir de son fils les services *importants* dont parle l'article 9, l'idée de services s'effaçant nécessairement en présence des devoirs et obligations réciproques qu'imposent la paternité et la filiation.

Qu'on note bien aussi, car la chose n'est pas sans importance, que le projet s'occupe d'abord des services rendus par celui qui veut adopter en *recueillant* le mineur, ou en se l'attachant par des *liens authentiques* (art. 2); que c'est là le point qui excite d'abord l'attention des rédacteurs des projets ; cette économie est encore conservée dans le projet du 18 frimaire an XI. Plus tard, ce genre de protection, qui prendra le nom de tutelle *officieuse* et autorisera une troisième espèce d'adoption connue sous le nom d'*adoption testamentaire*, sera

classé dans le Code après l'adoption ordinaire ; mais le changement qui interviendra dans les méthodes de rédaction ou plutôt
dans la distribution des matières ne saurait détruire la pensée
intime qui a présidé à la conception de la loi. Et les rédacteurs
de ces projets ont classé en première ligne l'institution qui
prend plus tard le nom de tutelle officieuse, parce qu'ils n'ont
fait que développer la pensée de Napoléon, qui avait dit, dans
la séance du 27 brumaire an XI, que « l'effet le plus heureux
» de l'adoption serait de donner des enfants à celui qui en se-
» rait privé, de donner un père à des enfants devenus orphe-
» lins, » et qui, toujours pénétré de la même idée, l'avait repro-
duite dans la séance du 18 frimaire de la même année. D'ailleurs, la protection spéciale dont parlent les art. 1 et 2 était
plus méritoire que les secours dont parlait l'article 5 ; elle devait donc venir la première.

Tel est dans son ensemble comme dans ses détails le nouveau
projet du 11 frimaire an XI. Les articles 1 et 2 de ce projet
sont devenus les articles 361, 363, 364 du Code, sous le chapitre de la *tutelle officieuse*. Les art. 5 et 9 ont été réunis dans
l'article 345 sous le chapitre premier *de l'adoption*.

Que le Conseil d'état ait cru, à tort ou à raison, en frimaire
et en nivôse de l'an X, qu'il suffisait de supprimer du projet
l'article 9 qui proposait de prohiber l'adoption de l'enfant naturel, pour conclure de cette suppression à la validité de l'adoption, c'est ce qu'on ne saurait contester. — Mais, à cette
époque, les conditions de services exigés par le projet que nous
venons d'examiner n'existaient pas ; et dès que le projet de
frimaire an XI les exigeait pour la première fois, dès qu'elles
étaient inconciliables et incompatibles avec la thèse proposée,
il fallait nécessairement insérer dans le nouveau projet un article qui admît exceptionnellement la validité de cette adoption.

Si le Conseil d'état ne l'a pas fait, il est facile d'en déduire la conséquence : c'est qu'il n'a plus eu l'intention d'établir cette exception,

Qui oserait dire maintenant que le projet du 11 frimaire an XI ne décide pas la question posée ?

Sa philosophie est d'ailleurs bien simple.

L'adoption ne pourra pas être la suite d'un instant d'affection réciproque entre l'adoptant et l'adopté ; elle sera le prix des *services* rendus. — La qualité de père par l'adoption ne pourra être conférée qu'à celui qui l'aura déjà conquise et méritée par des soins antérieurs fournis à l'enfant qu'il voudra adopter. Les honneurs de la paternité ne seront decernés qu'à celui qui, spontanément et par esprit de bienfaisance, en aura déjà supporté les charges : la paternité de droit sera le prix de la paternité de fait qui l'aura devancée. Et réciproquement la qualité ne fils ne pourra être attribuée qu'à celui qui l'aura conquise et méritée aussi par des services importants rendus à l'adoptant.

Cette philosophie, si elle est simple, est puisée dans la nature même des choses.

L'adoption n'est qu'une fiction ; puisqu'elle n'existe pas dans la nature, il faut donc qu'elle soit méritée, conquise ; et si cette philosophie dérive du fond même des choses, elle est également remarquable au point de vue chrétien et moral, comme au point de vue social et politique. — Elle est remarquable, 1° *au point de vue chrétien* ; car le christianisme, qui n'est qu'amour et charité, que la loi incarnée du dévouement, de l'abnégation, du sacrifice, excite sans cesse les hommes à se faire du bien les uns aux autres ; il bénit, il aime les hommes compatissants et miséricordieux ; et sur la terre il leur promet la miséricorde de celui qui distribue les récompenses d'une autre vie *. L'espoir que le *projet* de frimaire permet à l'homme de concevoir de sa future paternité le provoquera à remplir les conditions nécessaires pour l'obtenir, c'est-à-dire à prendre sous son patronage et à se constituer la providence des enfants pauvres et abandonnés, et qui le plus souvent eussent été obligés de se réfugier dans les bras de la charité publique.

2° *Au point de vue moral;* car tout ce qui rapproche les hommes, tout ce qui développe en eux le germe des sympathies généreuses, est digne de porter ce caractère.

3° *Au point de vue social et politique;* parce que le titre de fils adoptif ne pouvant être donné qu'à celui dont on aura déjà protégé l'enfance et formé le cœur, la société verra naître et grandir dans son sein des citoyens capables de l'honorer et de la servir. Et cette intervention bienfaisante, ce concours salutaire viendront développer et mettre en lumière des qualités qui sans l'appui qu'elles ont rencontré seraient restées dans l'ombre, des talents qui faute de culture auraient nécessairement avorté. D'un autre côté, la qualité de fils promise à ceux qui sauront s'en montrer dignes par des actes de dévoucment, c'est-à-dire qui auront rendu d'importants services, fera éclore de belles actions, des traits de courage et d'héroïsme. Et toutes ces idées étaient à la fois morales, sociales et politiques au premier chef, à l'époque de la confection du Code; car il fallait reconstituer sur des bases nouvelles les éléments dont la nation devait se composer, restaurer des habitudes mauvaises contractées dans le cours de la révolution, préparer par l'éducation des générations naissantes un avenir meilleur, faire surtout que les enfants abandonnés, dont les mœurs sont si souvent vicieuses

---

* *Beati misericordes, quoniam ipsi misericordiam consequentur.* (S. Matthieu, chap. 5.)

et dont la vie est turbulente et agitée, profitassent des bienfaits de cette éducation. — Il fallait convier à une sorte de réconciliation et de fusion des individus appartenant à des classes différentes, à des conditions inégales, assez naturellement prédisposés à s'éloigner les uns des autres, vivant dans une sorte de défiance réciproque ; défiance qui avait été convertie en antipathie profonde par les terribles événements dont le souvenir était encore palpitant : il le fallait surtout dans un moment où tout devait tendre à restaurer l'harmonie entre les divers éléments d'une société bouleversée jusque dans ses fondements. — Il fallait enfin cimenter par ce mode d'alliance, soumis préalablement à des épreuves légitimes, l'intérêt général à l'intérêt des individus en particulier.

Aussi ces avantages divers, attachés à l'adoption telle qu'elle était admise par le nouveau projet, la firent enfin triompher de l'opposition si considérable qu'elle avait rencontrée et lui ménagèrent un long avenir ; ils lui donnèrent la supériorité sur l'adoption telle que les Grecs et les Romains l'avaient organisée, en lui imprimant un caractère inaccoutumé qui n'aurait pu se faire jour à travers l'esprit d'avarice dont les sociétés païennes étaient infectées, et ne pouvait se produire que dans une société chrétienne.

Avec ces conditions, elle imposait silence aux objections, et désarmait les antipathies de cette coalition imposante qui, avant le 27 brumaire an XI, avait déjà failli la faire avorter, et qui se produisit encore si formidable dans la séance mémorable de ce jour, par l'organe de MM. Tronchet et Bigot-Préameneu. Ainsi entendue, elle déclinait les divers reproches qu'on lui avait adressés.

On l'avait accusée 1° de favoriser la vanité et de n'être bonne que sous un régime nobiliaire ; mais elle ne pouvait se fonder

à l'avenir que sur des actes de bienfaisance et de dévouement ;
elle était mise ainsi à la portée de tous, elle devenait essentiellement plébéienne. 2° D'établir, sous l'influence d'une sympathie éphémère et peu réfléchie, un lien irrévocable entre des
personnes qui, revenues bientôt de leur illusion, la considére-
raient comme une chaîne de fer qui les attachera l'une à l'autre ;
on ne l'admettait plus qu'en connaissance de cause, comme
après une sorte de stage, après des épreuves convenables.
3° De léser l'intérêt social et politique ; nous venons de voir
qu'elle s'harmonisait admirablement avec l'un et avec l'autre.
4° De porter la perturbation dans les lois sur la transmission
des biens ; mais s'il eût été injuste d'autoriser un citoyen à
dépouiller ses collatéraux par un mouvement d'humeur ou par
un pur caprice, on ne pouvait non plus, sans porter atteinte
aux droits les plus précieux, sans nier pour ainsi dire le droit
de propriété, comprimer l'essor des affections les plus légitimes,
et condamner l'homme à l'ingratitude, en présence d'un grand
dévouement digne des récompenses les mieux méritées.

Entendez maintenant le projet dans un sens qui favorisera
l'adoption des enfants naturels de la part de leur père qui les
aura reconnus ; il n'a plus de sens ni de moralité ; vous n'in-
citez plus les hommes à être miséricordieux vis-à-vis de l'enfance malheureuse et délaissée ; vous ne travaillez plus à féconder le germe des passions généreuses ; vous accordez une
récompense précieuse à ceux qui n'ont fait qu'accomplir un
devoir sacré, que payer la dette qu'ils ont contractée, qui n'ont
pas attendu les mandements de justice ! vous confondez l'homme
qui se dévoue avec le débiteur qui paye ce qu'il devait, le
mérite et la vertu avec l'observation des préceptes de la nature
et du droit civil. Telle n'est donc pas la portée du projet ; sa
véritable philosophie est celle que nous avons expliquée, phi-

losophie admirable et digne du génie de Napoléon, qui en était l'auteur. Elle devait donc triompher et venir prendre place dans nos Codes. Aussi dès cet instant elle ne rencontrera plus dans le Conseil aucune opposition ; le projet du 11 frimaire , dont nous venons de préciser et de mettre en relief la sagesse, subira bien quelques changements , mais ces changements seront de pure forme et de rédaction, le fond restera toujours le même; il sera interprété comme nous l'avons déjà interprété nous-mêmes.

C'est ce qu'il importe d'établir d'une manière rapide en suivant le projet jusqu'au moment où il fut décrété par le Corps législatif.

En étudiant la discussion qui suivit, dans le sein du Conseil d'état, la présentation du projet qui précède, on voit que plusieurs membres sont appelés à dessiner nettement le caractère des *services*, c'est-à-dire de la bienfaisance et du dévouement, devenus la condition essentielle de l'adoption.

L'article 2 proposait de soumettre à une indemnité l'individu qui s'étant chargé de l'enfant ne l'adopterait pas à sa majorité.

M. Treilhard dit à ce sujet : « La Section n'a jamais pré- » tendu qu'un citoyen dût naturellement une indemnité pour » s'être chargé de l'enfant, l'avoir élevé et s'être proposé » de l'adopter à sa majorité, s'il répondait à ses soins. Mais » comme un tel acte de BIENFAISANCE ne peut être exercé » sans le consentement de la famille, la Section avait cru , » etc., etc. »

M. Maleville dit de son côté : « Il est fort douteux que les » tribunaux condamnent un citoyen à fournir des aliments à » un enfant jusqu'à sa majorité, par cela seul qu'il l'aurait » déjà fait pendant quelque temps, mais *sans aucune obliga-*

» *tion préalable de sa part.* L'essence même *du bienfait* est
» qu'il soit absolument libre, qu'il dépende uniquement de la
» volonté de son auteur. »

 Puis on lit encore : « Le Premier Consul voudrait que tout
» tuteur *officieux* fût obligé de prendre l'enfant; mais l'obli-
» gation de donner des aliments ne peut devenir une condition
» nécessaire de la tutelle, sans qu'il en résulte de graves in-
» convénients. On placerait l'enfant dans un état d'indépen-
» dance tel qu'il pourrait impunément ne plus garder de
mesure avec son BIENFAITEUR* ».

On le voit, le caractère de bienfaisance est le fondement de
toute la discussion.

Le mot de *tuteur officieux* est prononcé pour la première
fois; il qualifie de la manière la plus heureuse le rôle honorable de celui qui se charge spontanément de l'éducation et de
l'entretien d'un mineur. On le trouvera inscrit dans les projets ultérieurs; ses devoirs et ses droits viendront dans le Code
former sous le nom de tutelle officieuse un chapitre séparé.

Comme aussi on s'est préoccupé dans le cours de la même
discussion du sort de l'enfant lorsque son tuteur officieux
viendrait à mourir avant de l'avoir adopté, et l'idée de l'adoption testamentaire s'est produite : nous la voyons aussi mentionnée dans les projets suivants, et former dans le Code civil
un des priviléges attachés à la tutelle officieuse.

Le projet est renvoyé à la Section, pour être revu d'après les
observations faites **.

Le projet revu est présenté au Conseil d'état dans la séance
du 18 frimaire an XI (9 décembre 1802). Il est à peu près le

---

* Fenet, t. X, p. 385-389.
** Locré, *ibid.*, 514 et suiv. — Fenet, 377 et suiv.

même que le premier; la distribution des matières n'a subi aucun changement; la tutelle officieuse se trouve mentionnée et régularisée par suite de ce qui a déjà été dit. On y consigne aussi la faculté pour le tuteur d'adopter, par acte testamentaire, lorsqu'il vient à mourir avant la majorité du pupille. L'économie tout entière du titre *De l'adoption*, telle que nous la voyons dans le Code, est donc définitivement arrêtée, sauf rédaction.

Les articles relatifs à l'adoption des individus dont l'adoptant lui-même a reçu d'importants services sont littéralement maintenus tels qu'ils se trouvaient dans le premier projet [*].

La discussion du projet revu n'offrit pas un grand intérêt : les grandes questions avaient été épuisées. Notons toutefois quelques observations de détail qui viennent confirmer tout ce qui précède. L'article premier parlait, comme on sait, de *services*; le consul Cambacérès dit à ce sujet que celui qui se charge d'un enfant fait plus pour lui que ce qu'on entend communément par cette expression *rendre service*. On pourrait donc réserver cette locution pour la seconde partie de l'article, et dire dans la première : celui qui aura *pris soin d'un enfant et rempli vis-à-vis de lui les devoirs de la paternité*.

L'article est adopté avec cet amendement et renvoyé à la Section pour sa rédaction. Puis, on revient à la question de savoir si le pupille non adopté par le tuteur officieux pourra demander une indemnité; question qui fut résolue par la disposition qui est contenue dans l'article 369 du Code civil. « M. Jollivet pense sur cette question que le Conseil n'a en-
» tendu accorder des aliments à l'enfant que jusqu'à ce qu'il
» sera en état de pourvoir lui-même à sa subsistance. Plus on
» imposera des conditions aux *actes de générosité*, et plus on
» les rendra rares. »

[*] Locré, p. 561 et suiv. — Fenet, p. 388 et suiv.

M. Bigot-Préameneu parle encore dans le même sens; il dit
que les secours fournis par le tuteur officieux ne pourront
« s'étendre au delà de la majorité de l'enfant. Une bonne édu-
» cation est une richesse ; elle ne peut soumettre ceux qui l'ont
» donnée à porter plus loin leur munificence. *Jamais un bien-*
» *fait n'imposera l'obligation d'un bienfait nouveau* * . »

Au sujet de l'article 9, qui disposait : « Tout individu qui aura
» rendu à un autre individu d'importants services, tels que lui
» avoir sauvé la vie, l'honneur ou la fortune, pourra être adopté
» par lui, sans autre condition que celle d'être moins âgé que
» l'adoptant, » M. Tronchet fit remarquer qu'il était trop va-
gue ; il serait nécessaire d'expliquer ce qu'on entendait par
services importants. M. Treilhard appuie l'observation de
M. Tronchet ; il faudrait réduire l'adoption pour services rendus à celui qui aurait sauvé la vie à l'adoptant dans un combat.

L'article est adopté avec cet amendement.

M. Berlier, profitant des observations qui ont été faites, propose immédiatement au Conseil une nouvelle rédaction dans
laquelle la distribution des matières sera changée.

Le chapitre premier est consacré à l'adoption, le chapitre
deuxième à la tutelle officieuse. — La tutelle officieuse ne vient
plus qu'au second rang, tandis que dans les projets des 11 et 18
frimaire elle se présentait la première. Cette interversion s'explique par les discussions qui avaient eu lieu et qui firent comprendre le besoin de classer à part l'adoption et la tutelle officieuse. Les changements de rédaction et de classement des
matières furent donc sans aucune influence sur le fond. On
lit en effet ce qui suit dans le procès-verbal de la séance :
« M. Berlier observe qu'après la direction que la discussion a

---

* Fenet, t. X, p. 393.

» prise, et les observations faites sur le projet dès la dernière
» séance, il a imaginé que les matières seraient mieux distri-
» buées dans un ordre qui lui a paru offrir plus de simplicité
» et suivre une meilleure méthode.

» Ainsi l'adoption et la tutelle officieuse, formant deux insti-
» tutions distinctes, quoique corrélatives, ne doivent plus être
» confondues dans les mêmes dispositions et peuvent bien for-
» mer deux chapitres d'un même titre.

» C'est d'après cette idée principale que M. Berlier avait
». préparé une nouvelle rédaction que les nouveaux amende-
» ments faits en cette séance semblent rendre plus nécessaire
» encore ; il croit, au surplus, que tous les principes arrêtés,
» même avec leurs modifications, se trouvent exactement dans
» la nouvelle distribution par lui projetée, et s'y trouvent mieux
» à leur place *. »

L'article 3 du projet est ainsi conçu :

« La faculté d'adopter ne pourra être accordée qu'envers
» l'individu à qui l'on aura, dans sa minorité, pendant six
» ans au moins, fourni des secours et donné des soins non in-
» terrompus, ou envers l'individu moins âgé que l'adoptant
» qui aurait sauvé la vie de ce dernier, soit dans un combat,
» soit en le retirant des flammes ou des flots. »

Cette rédaction est, comme on le voit, à peu près celle qui
est dans le Code, art. 345.

Les divers titres du chapitre de la tutelle officieuse sont aussi
à peu près tels qu'on les lit dans le Code.

Cette rédaction est adoptée, et le Consul ordonne la communication officieuse au président de la Section de législation
du Tribunat.

---

* Fenet, t. X, p. 398.

La section du Tribunat examine le projet dans sa séance du 16 nivôse an XI (6 janvier 1803) et dans celles des jours suivants.

Voici les seules observations faites par la Section qu'il importe de noter.

« La Section, dit le procès-verbal, a reconnu que l'adoption » entrait dans les vues d'une saine politique, en la coordon- » nant avec les principes d'ordre social.

» La société doit venir au secours de l'individu qui veut » sortir de *l'isolement* où l'ont placé des circonstances mal- » heureuses, qui cherche à augmenter les jouissances en ré- » pandant les BIENFAITS. »

La Section du Tribunat demandait en outre que l'adoption des neveux et nièces fût dispensée, par une exception particulière, de la condition des *services antérieurs*; mais la section de législation du conseil d'Etat refusa de faire droit à cette demande *.

Bientôt après, et le 5 ventôse an XI (24 février 1803), le Conseil d'État arrêta la rédaction définitive du projet.

Nous voici donc parvenus au terme de la seconde phase des discussions du projet du titre *De l'adoption* au Conseil d'État.

L'esprit du dernier projet, tel qu'il a été porté devant le Corps législatif le 21 ventôse an XI (12 mars 1803), par M. Berlier, rédacteur constant des divers projets, assisté de MM. Thibaudeau et Lacuée, est donc exactement le même que celui du 11 frimaire an XI; le Corps législatif l'a décrété le 12 germinal an XI (2 avril 1803), sans amendement.

On sait que, d'après la constitution politique de l'époque, le Corps législatif n'avait pas la faculté d'amender les projets qui

* Fenet, t. X, *ibid.*, p. 414.

lui étaient soumis, qu'il était placé dans l'alternative de les
adopter ou de les rejeter purement et simplement.

Le dernier projet ainsi voté, devenu la rédaction du Code,
est sans doute différent en quelques points du projet de frimaire an XI. Ainsi on n'y retrouve pas les rubriques portant :
*De l'adoption pour cause de services rendus par l'adoptant à
l'adopté dans sa minorité ; De l'adoption pour cause de services importants rendus par l'adopté à l'adoptant.* Mais si
les mots ont disparu devant les remaniements de rédaction, la
pensée est restée toujours la même ; comme aussi la distribution
des matières se présente avec une autre économie, mais sans
influence sur le fond ; M. Berlier l'a nettement expliqué.

Nous pourrions à l'appui de ces précisions, à savoir que l'esprit du projet de frimaire an XI est passé tout entier dans le
Code sans la moindre altération, sauf la différence de quelques
points de pure forme, citer de nombreux fragments de l'exposé
des motifs de M. Berlier devant le Corps législatif, des discours
ou des rapports de MM. Perreau et Gary, membres du Tribunat ; mais nous voulons, pour le moment, nous borner à la ci-
tation des fragments suivants, empruntés, le premier, à
l'exposé des motifs de M. Berlier, le second au rapport du
tribun Perreau au nom de la Section de législation du Tribunat, le troisième au rapport du tribun Gary, au nom du
Tribunat.

Après avoir parlé des difficultés nombreuses que le projet
avait rencontrées primitivement, c'est-à-dire dans le cours de
la première phase, M. Berlier disait : « Admettez une adoption
» sagement organisée, et vous verrez que les citoyens *qui n'ont
» ni enfants* ni l'espoir d'en obtenir se choisiront de leur
» vivant et pour leur vieillesse un appui dans cette classe nom-
» breuse d'enfants peu fortunés qui leur payeront d'une éter-

» nelle reconnaissance le *bienfait* de leur éducation et de leur
» état.

» J'ai déjà suffisamment annoncé que l'adoption n'opérant
» pas un changement de famille, l'adoptant ne sera qu'un pro-
» tecteur légal, qui sans jouir même fictivement des droits de
» la paternité complète, en aura cependant quelques-uns ; et
» ce sera, si l'on peut s'exprimer ainsi, une *quasi-paternité*
» fondée sur le bienfait et la reconnaissance. »

Une quasi-paternité là où est déjà la paternité réelle !!
Cette *quasi-paternité* sera fondée sur le *bienfait !!*

L'orateur continue :

« Le moment est venu d'examiner envers qui cette quasi-
» paternité pouvait être acquise.

» En conservant l'idée principale des secours accordés à l'en-
» fance, le projet qui vous est soumis l'a organisée.

» Rendre le contrat parfait dès son principe et n'y faire con-
» courir que des majeurs, sans effacer la *cause essentielle* du
» contrat, c'est-à-dire les *services* rendus en minorité, tel était
» le problème à résoudre et tel il a été résolu.

» L'adoption ne pourra se conclure qu'à la majorité ; mais
» elle devra avoir été précédée de six ans de soins et de *ser-*
» *vices* à lui rendus pendant sa minorité.

» Ainsi l'on a conservé ce qu'il y avait de grand et de bon
» dans les premiers projets (les projets jusqu'à l'an X), et
» l'adoption acquerra un nouveau degré d'utilité quand elle
» ne sera plus seulement dictée par l'espoir de bons offices ré-
» ciproques, mais par l'expérience qu'on en aura déjà faite,
» alors que *préparée par la* BIENFAISANCE, elle sera scellée par
» la sympathie.

» Cette condition des *services* préalables a paru si essentielle
» dans le principe du contrat et si heureuse dans son effet,

» qu'on n'a pas cru devoir en dispenser l'oncle vis-à-vis de son
» neveu, comme cela était demandé par quelques personnes et
» par la Section du Tribunat, lors de la communication offi-
» cieuse.

» Mais jusqu'ici, citoyens législateurs, nous n'avons consi-
» déré qu'une classe d'adoptés.

» Nous avons maintenant à vous entretenir d'une autre es-
» pèce d'adoption dirigée non envers l'individu à qui on aura
» donné l'être moral par tous les soins que l'enfant appelle ,
» mais envers celui dont on aura reçu le service extraordi-
» naire de la conservation de sa propre vie dans des circon-
» stances propres à signaler un grand dévouement. Un citoyen
» sauve la vie à un autre, soit dans un combat, soit en le reti-
» rant des flammes ou des flots. Qui n'applaudirait point à la
» faculté qu'aurait l'homme sauvé d'acquitter sa dette en adop-
» tant celui qui lui aurait sauvé la vie ! Cette seconde cause
» d'adoption que la loi doit consacrer comme un encourage-
» ment aux grandes et belles actions ne sera qu'une exception
» au système général. » Enfin, sur la tutelle officieuse, il disait :

« Pour en prendre une juste idée, il faut se placer dans les
» circonstances qui pourront y donner lieu.

» Un homme aura le dessein d'adopter un enfant ; cet en-
» fant peut bien, sans tutelle ni contrat préalable, être confié
» aux soins officieux d'un *tiers*, et acquérir par là l'aptitude à
» l'adoption future ; ce fait suffira sans le secours d'un contrat. »

Aux soins officieux d'un TIERS ; pesez bien ces expressions ;
le cas dont il vient de parler est celui de l'adoption ordinaire.

Il continue : « Mais il peut arriver, et sans doute il arrivera
» souvent, que la famille de l'enfant ne se décidera à le remet-
» tre qu'en obtenant pour lui une assurance de secours pen-
» dant le temps difficile de la minorité, assurance sans laquelle

» l'enfant pourrait être gardé ou renvoyé selon la volonté ou
» le caprice de celui qui l'aurait recueilli.

» Faciliter les conventions propres à assurer le sort de l'en-
» fant, tel est le but de la tutelle officieuse ; ce n'est point une
» promesse d'adopter, ni un moyen préliminaire de l'adoption
» (sauf le cas de l'adoption testamentaire) , puisque les soins
» sans tutelle suffisent pour y parvenir.

» C'est un contrat renfermé dans le strict objet des secours
» qu'on promet ; c'est un acte qui *complète* notre *système de*
» *bienfaisance*, et qui, sans attribuer les effets de l'adoption ni
» en être la voie nécessairement préparatoire, en est plus exacte-
» ment l'auxiliaire. »

Voilà donc, d'après l'orateur du gouvernement, tout le système de l'adoption : c'est *un système de bienfaisance ;* qu'on ne
l'oublie jamais ! Et il termine en disant : « Nulle matière n'a
» été plus approfondie ; elle était neuve, elle a été envisagée
» sous beaucoup de faces avant qu'on se soit fixé sur le sys-
» tème qui a été adopté [*]. »

De son côté, le tribun Perreau disait dans son rapport du
30 ventôse an XI (21 mars 1803) : « Telle est l'adoption qui,
» à défaut de liens que la nature a négligé de former ou a laissé
» rompre, vient en créer pour unir deux êtres jusque-là étran-
» gers l'un à l'autre, en donnant à la bienfaisance toute l'éten-
» due de l'amour paternel, et à la reconnaissance tout le charme
» de l'amour filial [**]. »

Qu'on l'entende donc bien ! l'adoption n'est faite que pour
unir deux êtres *jusque-là* ÉTRANGERS *l'un à l'autre !!*

Le tribun Gary disait à son tour dans son rapport au nom

[*] Fenet, t. **X**, p. 420 et suiv.
[**] *Ibid.*, page 437.

du Tribunat, du 2 germinal an XI (23 mars 1803) : « Il ne suf-
» fira pas que l'adoptant ait quinze ans de plus que l'adopté ,
» il faudra encore qu'il lui ait, dans sa minorité et pendant six
» ans au moins, fourni des secours et donné des soins non in-
» terrompus. Quel est le but de cette disposition ?... C'est de
» s'assurer que celui qui demande à *la loi* de lui conférer le
» titre de père en a déjà les sentiments; et la preuve de ces
» sentiments ne peut résulter que des *services*, que des soins
» non interrompus, accordés pendant six ans au moins à celui
» qu'on veut adopter, et pendant sa minorité. — Ce n'est pas
» en effet pour un individu parvenu à sa majorité qu'on *éprouve*
» *pour la première fois* des sentiments de père. On les accorde
» d'abord à la faiblesse, aux grâces, à l'ingénuité, à la candeur
» de l'enfance. Ces sentiments se perpétuent et s'affermissent
» dans un âge plus avancé; mais c'est dans l'âge tendre qu'ils
» naissent. C'est alors que l'habitude des soins rendus et reçus
» forme véritablement une *seconde nature*. L'amour paternel
» se forme avec les bienfaits, la piété filiale avec la recon-
» naissance. On n'aime *comme son enfant* que celui qu'on
» a protégé, secouru, élevé dès le premier âge, dont on a
» vu par ses soins se développer et croître les facultés phy-
» siques, dont on regarde enfin l'existence, *comme son*
» *propre ouvrage*. Ainsi se forme cette espèce de propriété
» par laquelle le père et le fils *croient* mutuellement s'ap-
» partenir *. »

Chacune de ces propositions n'est-elle pas évidemment étrangère au père à l'égard de son enfant naturel ?

Qui pourrait, à la lecture de ces fragments, modérer sa conviction ?

* Fenet, t. X, p. 466.

Le système de bienfaisance du Code n'est donc que le système du projet du 11 frimaire an **XI**, comme le système du projet du 11 frimaire n'était lui-même que la formule dévelóppée de la pensée de Napoléon.

Or nous avons déjà prouvé que le projet du 11 frimaire excluait nécessairement la faculté pour le père d'adopter l'enfant naturel qu'il aurait légalement reconnu.

Revenons maintenant sur nos pas, et nous apprécierons à sa juste valeur l'assertion si positive de M. le procureur général Dupin, qui, sur la foi de M. Locré, déclare qu'il résulte *in terminis* de la discussion des projets au Conseil d'état que le Code a voulu permettre une telle adoption.

Quels sont les projets dont la discussion a, selon vous, produit ce résultat décisif ? Le réquisitoire du 28 avril 1841 nous l'apprend. Ce sont les projets de la première phase, les projets discutés dans les séances des 16 frimaire et 4 nivôse an **X**. Nous voulons l'admettre. Mais ces projets constituent-ils la dernière phase des travaux préparatoires du Code ? sont-ils bien en vérité les travaux préparatoires du titre de l'adoption, tel qu'il a été décrété par le Corps législatif ?

On a vu le contraire.

Examinez tous les projets discutés dans les séances des 16 frimaire et 4 nivôse an **X**, examinez même celui du 27 brumaire an **XI**, et vous n'y trouverez rien qui soit relatif à la condition des *services* antérieurs considérés comme la cause essentielle de l'adoption telle qu'elle a été sanctionnée par le législateur.

Des conditions d'âge de la part de celui qui voulait adopter ou demandait à être adopté, la conformité du sexe, l'engagement dans les liens d'un mariage demeuré stérile, ou l'état de veuvage sans enfants, voilà tout ce qu'on exigeait. Des services antérieurs, il n'en était nullement question *. C'est à la fin de la séance du 27 brumaire an XI que le Premier Consul propose, comme on l'a vu, et propose pour la première fois, comme condition de l'adoption, les services antérieurs ; c'est alors pour la première fois qu'il propose, pour répondre aux objections dont elle était l'objet, de l'asseoir sur la bienfaisance.

Et c'est ce qui fut adopté ; le projet du 11 frimaire an XI n'est que le développement de cette pensée que nous avons vue se traduire sans interruption dans tous les travaux préparatoires de cette époque, jusque dans le sein du Corps législatif. Discussions du Conseil d'état, observations de la Section du Tribunat, exposé des motifs, rapports au Tribunat de la part de la Section de législation, rapport au Corps législatif de la part du Tribunat, tout se lie, et concorde de la manière la plus saisissante.

Or c'est, comme nous l'avons déjà dit, dans cette condition des services antérieurs, dans ce système d'adoption fondé tout entier sur la *bienfaisance*, pour nous servir des expressions de M. Berlier, que nous trouvons l'impossibilité légale pour le père d'adopter l'enfant naturel qu'il a déjà reconnu. Un père ne peut pas se flatter d'avoir été bienfaisant parce qu'il n'a pas laissé mourir de faim son enfant.

Ne nous parlez donc plus, de grâce, je vous le demande par amour pour la vérité, de ce qui s'est fait dans le Conseil d'état en frimaire et nivôse de l'an X. — Entre les projets de cette époque et le Code, il y a un mur de séparation que vous ne pouvez franchir ; il s'élève sur l'innovation essentielle qui date des projets postérieurs. Après la discussion des projets de l'an X, on n'avait encore rien fait de définitif ; si bien que tout fut à

---

* *Vid.* ces projets dans MM. Fenet et Locré, *dict. loc.*

recommencer. Vous n'avez pas oublié que la discussion du projet ayant repris son cours après une interruption de onze mois, il fallut reprendre par le pied l'examen du principe lui-même qui était si vivement attaqué; vous savez aussi que, frappée de la gravité des motifs sur lesquels reposait cette opposition, la Section de législation, consultée par le consul Cambacérès, déclara, dans la séance du 27 brumaire an XI, qu'elle ne voulait plus de l'adoption, et que ce qui sauva l'institution de cette crise sérieuse ce fut la condition nouvelle proposée par le Premier Consul.

Tous ces faits sont authentiques.

Ils ne sont pas moins significatifs.

Les projets dont vous argumentez sont donc des projets sinon complétement abandonnés, du moins essentiellement modifiés, ou plutôt essentiellement novés par les projets postérieurs, séparés du Code par une ligne d'intersection encore moins reconnaissable par le temps que par la différence des idées, dont vous ne trouvez plus aucune trace, ni dans l'exposé des motifs de l'orateur du gouvernement, ni dans les rapports faits par les organes du Tribunat. Et les projets dont vous ne dites pas un seul mot, qui depuis que la question s'agite n'ont pas été encore une seule fois invoqués, ce sont ceux qui constituent les derniers travaux préparatoires de la loi votée, qui sont avec elle en état de communion intime, parce qu'ils touchent à elle d'une manière immédiate par le double lien du temps et de l'esprit, dont les orateurs du gouvernement et du Tribunat parlent tous de la manière la plus explicite et la plus concordante.

Vous nous opposez l'opinion de Napoléon sur la question, en faisant ressortir tout ce qu'il y a d'imposant dans un tel suffrage. Oui, sans doute; c'était son opinion jusqu'en l'an X;

mais à partir de cette époque, son opinion est-elle restée la même ?

Lorsque postérieurement et dans la séance du 27 brumaire an XI, dans laquelle le sort de l'adoption fut décidé, il exposa ses idées nouvelles à ce sujet, ses idées nouvelles, fruit des réflexions auxquelles il s'était livré depuis que les travaux préparatoires avaient cessé, songea-t-il à combattre l'opinion que M. Treilhard venait d'émettre sur l'invalidité d'une telle adoption ? Il ne proposa à ce sujet aucune observation ; lui, qui, dans les séances de frimaire et de nivôse de l'an X, s'était montré si sympathique à la solution contraire, garde maintenant le silence sur ce point ! Il ne combat pas l'opinion de M. Treilhard, lui si passionné pour ses idées, si peu tolérant envers ses contradicteurs, qui fond sur eux avec la rapidité de l'éclair, armé d'une raison décisive ou du moins ingénieuse ! et bien loin de là, il propose bientôt après la condition préalable des services antérieurs, qui était, comme on l'a vu, implicitement et nécessairement exclusive de la légitimité de votre système, inconciliable et incompatible avec lui, et qui annulait nécessairement et de la manière la plus virtuelle tout ce qui avait été dit ou délibéré au sujet de la question proposée dans les projets de l'an X ! et il ne propose aucune exception pour faire revivre ses premières intentions ! au contraire, lorsqu'il s'agit de préciser les effets de l'adoption, il s'exprime ainsi :

« L'effet le plus heureux de l'adoption sera de donner des en-
» fants à celui qui en est *privé*, de donner un père à des enfants
» devenus *orphelins*. »

Dans le cours de la discussion des projets ultérieurs, il se montrera constamment imprégné de cette pensée : « L'adop-
» tion, disait-il encore dans la séance du 11 frimaire an XI,
» est principalement établie pour donner un père aux orphe-

» lins dans l'individu qui, n'ayant que des héritiers éloignés,
» veut s'attacher un enfant en lui laissant ses biens et son
» nom *. »

Ce n'est pas sous ce rapport seulement que son système a changé.

Dans les projets antérieurs, l'adoption doit faire sortir l'enfant adoptif de sa famille naturelle ; elle doit constituer un échange de familles, comme l'opérait autrefois l'adoption parfaite de Justinien. Désormais l'enfant adoptif, en acquérant de nouveaux droits dans sa famille adoptive, conservera tous ceux qu'il avait dans sa famille naturelle.

Dans les projets antérieurs, l'adoption devait être consacrée par le pouvoir législatif ; elle ne constituera plus désormais qu'une affaire judiciaire.

Que restait-il donc des projets antérieurs ? Rien, absolument rien. Tout avait été changé, le principe seul restait debout.

La novation qui existe entre ces projets est donc flagrante.

A la faveur de cette restitution des travaux préparatoires du Code civil, et de tous les faits législatifs accomplis, nous avons donc le droit de dire, et seuls nous sommes fondés à dire en toute confiance que la discussion des projets du Code civil dans le sein du Conseil d'état prouve de la manière la plus certaine qu'un père ne peut valablement adopter son enfant naturel.

Cette discussion projette donc la lumière la plus vive sur les textes du Code qui sont en harmonie parfaite avec les travaux préparatoires.

* Fenet, t. X, p. 381.

Jusqu'ici, tant que le procès n'était instruit qu'en partie, tant qu'on n'avait sous les yeux qu'une fraction des éléments essentiels de la décision, le grand argument des partisans du système contraire s'est concentré dans ce syllogisme : L'adoption, institution civile, doit être permise à tous ceux à qui la loi ne l'a pas défendue. Or, on ne trouve, ni dans le titre du Code spécial à cette institution, ni dans d'autres textes, cette prohibition pour l'espèce actuelle. Donc, etc. — Ainsi les adversaires de nos théories commencèrent à s'emparer du terrain en disant : Nous ne voulons pas nous payer avec des considérations morales. Prouvez qu'il y a dans le Code un texte précis qui prohibe cette adoption !

Eh bien ! nous pouvons maintenant les satisfaire en examinant successivement les trois espèces d'adoption reconnues par le Code.

I

DE L'ADOPTION ORDINAIRE.

Nous combattons cette adoption avec la première partie du paragraphe premier de l'article 345, qui dispose en termes généraux et absolus : « La faculté d'adopter ne pourra être » exercée qu'envers l'individu à qui l'on aura dans sa minorité, » pendant six ans au moins, fourni des secours et donné des » soins non interrompus. »

Le père peut bien sans doute, en fait, avoir donné ces soins et fourni ces secours à son enfant pendant qu'il était mineur ; mais cela ne suffit pas ; il faut encore qu'il ait donné ces soins et fourni ces secours par *bienfaisance* et par *générosité*, sans y être tenu par aucun engagement, à titre de SERVICES, comme le portaient textuellement les projets des 11 et 18 frimaire an XI, et comme l'ont constamment répété les orateurs du gouvernement et du Tribunat ; il faut que ce soit *nullo jure cogente*. Or, il ne peut se rencontrer dans cette condition, qui est pourtant, comme on le sait, une *condition essentielle*, une *cause essentielle* du contrat d'adoption, ainsi que le disait M. le conseiller d'état Berlier dans son exposé des motifs précité.

Il faut lire l'art. 345 du Code civil, comme s'il avait conservé sa rédaction originaire. Or, on sait que dans sa rédaction originaire, c'est-à-dire dans son premier jet, dans le projet du 11 frimaire an XI, il formait l'art. 5 de ce projet, ainsi conçu : « On pourra adopter, même sans les prélimi-» naires des art. 1 et 2, tout individu qu'on aura *recueilli* » mineur, et auquel on aura donné des soins continués pen-» dant six années au moins. » Dans la rédaction définitive adoptée par le Conseil d'état, et qui est devenue celle qu'on lit dans le Code, M. Berlier ajouta à ces mots : *donner des soins*, ceux-ci : *fournir des secours*, comme il supprima ceux-ci : *qu'on aura recueilli mineur ;* mais ce n'était là qu'un changement dans la forme, ainsi que M. Berlier lui-même eut le soin de le faire remarquer avant de donner lecture de sa nouvelle rédaction. — Il faut lire cet article 345 comme s'il y avait : La faculté d'adopter ne pourra être exercée qu'envers l'individu à qui on aura donné des soins et fourni des secours, *à titre de bienfaisance ou de générosité, sans y être forcé par aucun engagement.*

Il ne faut donc pas s'arrêter uniquement au fait matériel des soins donnés et des secours fournis, mais examiner dans quel esprit on les a donnés et fournis ; ce qui nous rappelle cette observation de Sénèque : *Itaque non quid fiat aut detur* *refert, sed quá mente; quia beneficium non in eo quod fit aut datur consistit, sed in ipso dantis aut facientis* ANIMO [*]. Ces précisions sont remarquables.

Qu'a fait le père? Il a , pendant six ans, donné des soins à son enfant pendant sa minorité; il lui a fourni pendant le même espace de temps des soins non interrompus; je le veux. Mais en quoi peuvent consister ces soins et ces secours? Il se sera chargé de l'enfant, il l'aura nourri, entretenu; il se sera occupé avec conscience de tout ce qui constitue son éducation physique; je le veux encore. Mais si l'enfant était déjà reconnu, il y avait pour le père obligation civile de faire tout ce qu'il a fait. L'acte de reconnaissance l'avait constitué débiteur d'aliments vis-à-vis de son fils, et les aliments comprennent tout ce qui est nécessaire pour l'éducation physique de l'enfant. Le père en est tenu *vinculo juris, necessitate adstringitur secundùm civitatis jura;* et s'il n'avait pas procédé ainsi volontairement, l'enfant avait une action ouverte devant les tribunaux. En acquittant sa dette, il n'a pu se montrer bienfaisant; en s'y refusant, il méritait qu'on lui appliquât cette maxime énergique du jurisconsulte Paul : *Necare videtur, non tantum is qui partum perfocat, sed et is qui alimonia denegat.*

On sait d'ailleurs que le jurisconsulte Ulpien, dont Justinien a reproduit le fragment [**], classe l'*educatio liberorum* au nombre de ces lois qui sont communes à tous les êtres animés, ou plutôt qu'il a considéré l'homme faisant par devoir et par sentiment ce que les êtres animés dépourvus d'intelligence font par instinct. *Videmus etenim et cætera animalia istius juris perita censeri.*

---

[*] *De beneficiis,* VI.

[**] Instit. liv. 1er, tit. 2, *de jure natur. gent. et civil. ad præm.*

Bien que l'art. 203 du Code civil, qui déclare que les ascendants seront obligés de fournir des aliments à leurs descendants qui seront dans le besoin, soit placé sous la rubrique *des obligations qui naissent du mariage*, il n'en est pas moins certain qu'il s'applique aux père et mère des enfants naturels. « La reconnaissance d'un enfant naturel, disait le » tribun Duveyrier, manifeste et rend certains aux yeux de la » société les rapports que la nature a mis entre lui et son » père. Elle établit devant la loi et leurs droits et leurs devoirs » réciproques : pour le père, l'obligation de fournir à son en- » fant les moyens d'exister ; pour l'enfant, l'obligation d'obéir » à son père, de le respecter et de le secourir [*]. »

De son côté, M. Bigot-Préameneu disait, en parlant du mariage : — « D'autre part, on ne doute pas que les pères natu- » rels ne soient obligés d'*élever* leurs enfants, de les *entretenir*, » de les *nourrir*. La loi positive a placé elle-même ce devoir » parmi les obligations première que la nature, indépendam- » ment de toute loi, impose à tous les pères [**]. »

Ainsi, *élever*, *nourrir*, *entretenir*, telles sont les obligations du père. Tout cela n'est-il pas évidemment plus large que les *soins* et les *secours* non interrompus pendant six années au moins qu'exige l'art. 345 ?

Sous l'ancienne jurisprudence, bien moins favorable assurément aux bâtards que le système du Code civil à leur égard, Pothier écrivait : « Lorsqu'une fille ou veuve est grosse des » faits d'un homme, sur la plainte qu'elle forme contre lui, » et sur l'intervention du ministère public, cet homme, s'il » en convient, ou s'il en était convaincu, doit être condamné

----

[*] Fenet, t. X, p. 243.
[**] *Vid.* Loiseau, *Des enfants naturels*, p. 554.

» à se *charger* de l'enfant, à le faire élever dans la religion catho-
» lique, et à lui fournir les aliments nécessaires ; à en rapporter
» certificat tous les trois mois au procureur du roi, et à lui
» faire apprendre un métier, lorsqu'il sera en état d'en ap-
» prendre un , pour le mettre en état de gagner sa vie *. »

L'enfant n'a-t-il été reconnu que postérieurement aux soins donnés ou aux secours fournis ? La reconnaissance postérieure, rétroagissant nécessairement au jour de la naissance, expliquera et caractérisera les soins donnés et les secours fournis, et ne permettra pas de les considérer comme des actes de pure bienfaisance. Elle rétroagira, car elle n'est pas *attributive*, mais simplement *déclarative* de la paternité préexistante.

Cette rétroactivité vous répugne-t-elle ? vous conviendrez du moins avec moi que si avant l'acte de reconnaissance il n'y avait point obligation civile pour le père de fournir des aliments à son enfant, il y était au moins tenu dans le for interne, par les liens d'une obligation naturelle. Mais l'obligation naturelle est encore incompatible avec la bienfaisance. Les textes du droit ont consacré l'existence et l'énergie des obligations naturelles, les textes du droit romain surtout ; et puisque le Code a précisé un de leurs effets (art. 1235) , il suit qu'il les a lui-même consacrées et implicitement admises.

Pour qu'il y ait libéralité , il faut qu'il y ait de la part de celui qui se dépouille absence de *toute* obligation naturelle ou civile (*mera liberalitas*). Les jurisconsultes romains sont on. ne peut pas plus explicites à cet égard. Ulpien définit la libéralité qui constitue une donation proprement dite : l'acte de celui qui *propter* NULLAM ALIAM *causam facit, quàm ut libe-*

---

*ralitatem et munificentiam exerceat**. Papinien dit à son tour : *Donari videtur, quod nullo jure cogente conceditur***. On s'était demandé s'il fallait induire de la généralité de ces expressions, NULLO JURE *cogente*, que l'existence de l'obligation purement naturelle fût un obstacle à ce caractère de bienfaisance constitutif de la donation ; et Cujas n'hésite pas à répondre : « *Nam vel jure naturali*, si quid conceditur,
» donatio non est ; si servus post manumissionem solvat pecu-
» niam sibi creditam in servitute, non est donatio. Solvit qui-
» dem quod non debet jure civili , sed quod debet *jure natu-*
» *rali*. Igitur non est donatio***. »

Soit que l'enfant ait été reconnu avant ou après les soins donnés ou les services rendus, la maxime *nemo liberalis nisi liberatus* exclut donc tout caractère de libéralité et de bienfaisance. La condition *essentielle* de la loi n'est donc pas remplie.

Il est prouvé, en fait, que le père a, pendant six ans, fourni des secours et donné des soins non interrompus à son enfant pendant sa minorité. Que m'importe ? je veux aller plus loin. J'admets que non-seulement il soit justifié que ces soins et ces secours ont été incessants depuis la naissance de l'enfant jusqu'à sa majorité, mais encore qu'ils ont continué après la majorité, qu'ils ont duré pendant trente, quarante années sans interruption. J'admets encore que le père ne s'est pas borné à l'éducation physique de son enfant, qu'il a fait tous les sacrifices nécessaires pour son éducation morale, qu'il lui a fait apprendre un métier, qu'il lui a procuré une profession

---

* Frag. 1, *De donat.*
** Frag. 82, *De div. reg. jur. antiq.*
*** Tome VIII de ses œuvres, édition Fabrot, page 708.

lucrative; qu'il ait rempli en un mot tous les devoirs de la paternité, il n'en sera pas moins pour cela incapable d'adopter son enfant.

Il en sera incapable par suite toujours de cette idée, que ce qu'il a fait constitue l'exécution d'une obligation naturelle ou civile, exclusive de toute idée de bienfaisance; d'une obligation civile, si le père s'est borné à lui fournir des aliments; d'une obligation naturelle, si, allant au delà, il lui a fait donner une éducation convenable et s'il a assuré son sort. On peut puiser un argument *à fortiori* dans les articles 762, 763, 764, du Code civil.

Voulez-vous trouver la preuve de ce que j'avance, non plus dans de simples raisonnements empruntés aux principes du droit commun? suivez-moi dans l'examen de quelques textes du Code civil.

L'enfant naturel venant un jour prendre ses droits de quotité dans la succession de son père, selon les proportions indiquées dans l'article 757 du Code civil, serait-il obligé de rapporter à cette succession les sommes que son père aura dépensées pour fournir non-seulement à ses besoins et à son entretien, mais encore à son éducation, à son apprentissage? Y sera-t-il tenu alors même que son père aurait été obligé d'employer pour cet objet une partie de ses capitaux, de la substance de son patrimoine? Non, assurément; car l'article 760 nous dit d'une part que l'enfant naturel sera tenu d'imputer sur ce qu'il a droit de prétendre tout ce qu'il a reçu du père ou de la mère dont la succession est ouverte, et qui serait sujet à rapport, *selon les règles ordinaires des rapports;* et d'autre part l'article 852 du même Code, traçant une de ces règles, dispose que « les frais de nourriture et d'entretien, d'éduca- » tion, d'apprentissage, etc., ne doivent pas être rapportés. »

Pourquoi ne doivent-ils pas être rapportés? Parce qu'ils

sont moins une libéralité que l'acquittement d'une dette, que l'accomplissement des devoirs rigoureux de la paternité. L'article 760 du Code civil, en faisant participer l'enfant natùrel au bénéfice des dispositions de l'article 852, sans distinguer si l'enfant était ou n'était pas reconnu au moment où il a été traité comme tel par son père, a donc reconnu explicitement qu'il y avait, dans tous les cas, pour le père d'un enfant naturel, obligation naturelle de le faire élever, de lui faire apprendre un état, etc.

C'est par application de ces principes qu'il a été jugé par la Cour de cassation, le 10 juillet 1844, que la survenance d'un enfant légitime ne révoque pas la donation antérieurement faite par le père à un enfant naturel reconnu.

« Attendu, dit la Cour, que la donation faite par le père à » son enfant naturel *est l'acquit d'une obligation naturelle,* » et qu'envisagée sous ce dernier aspect, elle ne tombe pas » sous le coup de la révocation prononcée par l'article 960 » du Code civil *. »

Je n'ajouterai plus qu'une observation.

Mon père, en mourant, m'a institué pour son héritier, et m'a chargé, dans son testament, de donner des soins non interrompus, pendant six ans, à tel enfant qui est encore bien éloigné de sa majorité, et que mon père n'a d'ailleurs jamais reconnu pour son enfant. Je me conforme religieusement aux intentions de mon père. A la majorité de l'enfant, je veux l'adopter. En aurai-je le droit? Oui, sans doute, si vous n'exigez que le fait *matériel* des soins donnés, des secours fournis. Mais vous vous refuserez, sans aucun doute, à cette adoption, parce que de ma part il n'y a eu aucune libéralité, aucune

---

* Sirey-Devilleneuve. 1844. 1-507.

bienfaisance dans l'accomplissement d'une charge qui m'était imposée par mon père, pour l'accomplissement de laquelle l'enfant avait contre moi action en justice, en supposant les soins et les services dont il s'agit appréciables à prix d'argent.

Pourquoi déciderez-vous autrement quand il s'agit du père qui veut adopter son enfant? Est-ce parce que, indépendamment de l'obligation civile, il était tenu à faire ce qu'il a fait par une obligation encore plus intense?

Tout cela prouve donc que les soins doivent avoir été donnés et les secours fournis *par un autre que le père;* tout cela prouve que l'article 345 ne s'entend que de ceux qui ont été donnés ou fournis à l'enfant par un TIERS, selon les expressions de M. Berlier, dans son exposé des motifs; *en l'absence de tout engagement,* comme le disait M. Malleville dans la séance du Conseil d'état du 18 frimaire an XI.

Oserait-on prétendre que le père a donné des preuves suffisantes de bienfaisance à son enfant par cela seul que, la recherche de la paternité étant interdite (340), la reconnaissance qu'il pouvait se dispenser de faire a conféré un grand bienfait à l'enfant?

Proposer cette objection, c'est la proscrire d'avance.

Oui sans doute, au point de vue du droit civil, le père pouvait se retrancher derrière le texte de l'article 340, et se refuser à constater l'état de son fils. Mais il y avait pour lui obligation naturelle de le faire. Ce principe, qui puise sa source dans les devoirs de la conscience et de stricte justice, était d'ailleurs formellement reconnu par M. Bigot-Préameneu lorsque, dans son exposé des motifs du titre de la paternité et de la filiation, il disait, en parlant précisément de l'acte de reconnaissance, que *rien ne peut dispenser la conscience des pères de rem-*

plir des devoirs d'autant plus grands qu'ils ont à se reprocher l'infortune de leurs enfants *.

Le tribun Lahary s'associait de la manière la plus explicite, dans son rapport fait au Tribunat sur le même titre, à la moralité de cette doctrine **.

L'enfant naturel est le fruit d'une *faute* commise. La reconnaissance n'est autre chose que la réparation de cette faute. La raison nous le dit, et la Cour de cassation le consacre en termes explicites, pour fonder sur ce motif la validité de la reconnaissance lorsqu'elle émane d'un mineur : « Attendu » que, d'après l'article 1310 du Code civil, le mineur n'est pas » restituable contre les obligations résultant de son délit et de » son quasi-délit ; que le père qui reconnaît son enfant natu- » rel ne fait que *réparer sa faute, son quasi-délit* *** ». Tous les auteurs sont d'accord sur ce point.

Qu'on dise maintenant, même au point de vue de la jurisprudence, qu'il y a bienfaisance et libéralité ! !

S'il s'agissait de la mère, la recherche de la maternité étant admise (341), et la reconnaissance volontaire ne faisant souvent que prévenir une reconnaissance judiciaire, l'idée de bienfaisance disparaît entièrement. — Pourquoi en serait-il autrement du caractère de la reconnaissance faite par le père, dont les obligations semblent au contraire plus étendues, puisqu'il est le plus souvent l'auteur de la séduction qui a donné naissance à l'enfant? Il ne faudrait d'ailleurs jamais confondre l'acte de reconnaissance avec la condition des services antérieurs exigés et caractérisés par l'article 345 du Code civil.

* Fenet, tome X, page 149.

** *Ibid.* page 193.

*** 4 novembre 1835. — Sirey, 1835, 1-785. — Cet arrêt n'a rencontré aucun dissentiment.

L'adoption ordinaire n'est donc pas permise dans le cas donné, et nous avons par cela même épuisé presque en entier tout l'intérêt du débat ; car les deux autres espèces d'adoption dont nous allons parler sont fort rares, surtout l'adoption rémunératoire.

II

DE L'ADOPTION RÉMUNÉRATOIRE.

Examinons cette seconde espèce d'adoption. Elle est autorisée, on le sait, en faveur de celui qui « a sauvé la vie à l'adop- » tant, soit dans un combat, soit en le retirant des flammes ou » des flots. » (Art. 345 § 1er.)

Quel rigorisme ! dira-t-on, quelle injustice ! Un enfant naturel a exposé ses jours pour sauver ceux de son père ; il l'a sauvé soit dans un combat, soit en le retirant des flammes ou des flots, et vous ne permettez pas au père de le récompenser de ce dévouement en lui conférant par l'adoption la qualité d'enfant légitime ! Vous ne permettez pas de faire en faveur de l'enfant ce que le père pourrait faire en faveur de tout étranger ! Non, sans doute.

L'enfant naturel ne peut être adopté, bien qu'il ait rendu à son père les services extraordinaires dont parle l'article 345, parce qu'il ne peut y avoir, comme on l'a fait observer précédemment, un mérite digne d'être récompensé par le législateur, là où il n'y a que l'accomplissement d'un devoir moral, d'une obligation naturelle et sacrée. Un fils doit toujours être prêt à exposer sa vie pour celui de qui il l'a reçue. Le sang doit toujours tribu au sang. Il est moins glorieux de se montrer dévoué là où on eût été coupable d'une noire ingratitude, là où, d'après les lois divines et humaines, on eût été impie si on eût agi autrement. C'est une pensée de Sénèque dont l'exactitude est frappante.

Sans doute nous avons tous applaudi dans notre jeunesse au nable dévouement d'Énée sauvant son père Anchise dans la nuit du sac de Troie ; et il serait difficile d'oublier les magnanimes sentiments que ce dévouement lui inspirait, et que le poëte a traduits dans ces beaux vers :

> Ergo age, care pater, cervici imponere nostræ ;
> Ipse subibo humeris, nec me labor iste gravabit ;
> Quò res cumque cadent, unum et commune periclum,
> Una salus ambobus erit.,... *

Qui de nous aussi a pu refuser son admiration au premier Scipion l'Africain lorsque, dans une bataille contre Annibal, auprès du Tésin, à peine hors de l'enfance, inexpérimenté, épuisé par l'action d'une lutte acharnée, il trouve dans le feu sacré de son amour filial un dernier souffle de vie pour se jeter tête baissée au devant des armes carthaginoises, et faire un rempart de son corps à son père qui commandait les légions romaines ** ?

Mais quelque admirable que soit ce dévouement, il n'en était pas moins tout entier dans les devoirs de la piété filiale. Le blâme que nous eussions infligé au héros troyen abandonnant lâchement son vieux père au milieu des flammes et des hor-

---

* Énéide, livre 2.
** Valère-Maxime, *De pietate erga parentes*, 2.

reurs du carnage, au premier Scipion l'Africain n'abritant point la tête de son père contre le fer des Carthaginois, eût été plus grand que les éloges qu'ils ont l'un et l'autre mérités.

La piété filiale doit être la même pour l'enfant naturel que pour l'enfant légitime. Le droit civil, par des raisons élevées d'ordre et d'intérêt général, a dû distinguer l'enfant légitime de l'enfant naturel; mais la nature ne fait pas de distinction pour les devoirs qu'elle impose. Le jurisconsulte Ulpien le reconnaissait nettement lorsqu'il disait : « *et inter collibertos,* » *matrem et filiam, pietatis ratio secundùm naturam salva* » *esse debet* *; » ou bien lorsqu'il écrivait dans un autre fragment : « *pietas parentibus, etsi inæqualis est eorum potestas, æqua debetur* **. »

Réservons donc des récompenses civiles pour les actes d'héroïsme d'étranger à étranger, pour ceux qui sont placés en dehors de la ligne directe de parenté, dont le dévouement était inconnu, qui ne pouvaient le signaler que par un trait saillant de générosité; mais n'en décernons pas à ceux dont les sentiments ne peuvent être suspectés sans faire injure aux droits du sang. Ce n'est pas seulement l'adoption qui est permise en faveur des étrangers dans les cas que nous venons de nommer, la loi autorise en leur faveur, de la part de celui qui a reçu les services extraordinaires, des donations connues sous le nom de libéralités rémunératoires, que le jurisconsulte Paul appelait avec autant d'élégance que d'exactitude, *eximii laboris merces* ***.

Mais jamais le droit, en autorisant ces actes de reconnais-

---

* Frag. 1, *De obseq. parent.*, § 1er.
** Frag. 4, *De curat. furios. et aliis*, etc.
*** *Sentent. recept.*, *De donat.*

sance, n'a présupposé qu'ils pussent avoir lieu d'ascendant à descendant (art. 906, 908 et 909 analysés et combinés) ; toute autre prévision de la part du législateur eût fait planer une sorte de suspicion légitime sur la piété filiale. Lui promettre des récompenses en quelque sorte officielles, c'eût été l'abaisser, la profaner, lui ravir son caractère religieux et sacré, plutôt que l'honorer. Laissez-lui donc toute la noblesse de son désintéressement, ne ternissez pas la pureté de ses inspirations, ne touchez pas à la sainteté de son origine ! !

La piété filiale est plus qu'un devoir et une vertu, elle est un culte, une religion. Culte de la divinité, culte de la patrie, culte des ascendants, telle est la hiérarchie des devoirs les plus saints de l'homme. Le premier chez les anciens prend le nom de *religio*, le second c'est l'*amor in patriam*, au troisième on réserve le nom de *pietas*. La philosophie païenne l'avait enseigné, le droit des gens le proclame, et Rome le professait par l'organe de ses philosophes et de ses jurisconsultes *; le Christianisme le consacre à son tour.

On ne peut donc pas confondre les services proprement dits avec les actes de la piété filiale. La différence qui les sépare a été caractérisée avec soin dans les textes du droit romain.

Ce droit plaçait généralement sur la même ligne le père et le patron ; le patron qui, en conférant à son affranchi la liberté, lui avait donné par là la vie civile, était comparé au père qui donne l'existence physique. En se plaçant à ce point de vue, Ulpien avait dit : « *Liberto et filio semper honesta et sancta* » *persona patris et patroni esse debet* **. » L'affranchi s'obligeait, en reconnaissance du bienfait qu'il avait reçu, à four-

---

* Pomponius, frag. 2, *De just. et jure.*
** Frag. 9, *De obsequiis parent.*

nir à son patron des services (*operœ*), les uns appréciables à prix d'argent (*operœ fabriles*), les autres d'un ordre moral (*operœ officiales*[*]). On se demandait, à cet égard, si le fils émancipé devait fournir à son père qui l'émancipait des services semblables. Voici la belle réponse que fit Tryphóninus : « *Nullum jus libertatis causa impositorum habet in eman-* » *cipato filio : quia nihil imponi liberis solet. Nec quisquam* » *dixit, jurejurando obligari filium patri manumissori, ut* » *libertum patrono : nam pictatem liberi parentibus, non* » *operas debent*[**]. PIETATEM DEBENT. » Voilà le caractère des obligations des enfants.

Je ne prétends pas, sans doute, comparer même les *operœ officiales* dont les affranchis étaient débiteurs envers leurs patrons avec les actes de dévouement dont parle l'article 345 du Code civil ; mais j'ai le droit d'invoquer les textes du droit romain qui ont qualifié avec tant de précision tous les rapports qui peuvent lier les hommes entre eux, pour établir que la piété filiale restait toujours placée dans une sphère privilégiée, et qu'on ne la confondait jamais avec les devoirs qui existaient entre des personnes dont les rapports avaient la plus grande analogie avec ceux qui unissent les descendants aux ascendants.

Tous les travaux préparatoires du Code viennent à l'appui de nos propositions.

A l'époque du 11 frimaire an XI, l'intention des auteurs du projet n'était pas équivoque. D'un côté l'adoption était autorisée comme récompense de tous les *services impor-tants*. Nous avons fait remarquer que l'enfant naturel trouvait

---

[*] Tot. tit., ff. *De operis libert.*

[**] Frag. 10, *De obseq. parentib.*, etc.

dans ces services, par exemple, dans la conservation de l'honneur et de la fortune de son père, un intérêt direct et personnel qui ôtait à son dévouement ce caractère de désintéressement que l'esprit de la loi exige. D'un autre côté, c'était l'art. 9 de ce projet qui autorisait l'adoption pour des services importants, et l'art. 10 ajoutait que « si l'individu qui avait » rendu ces services était mineur, et que celui qui les avait » reçus voulût se l'attacher, avant la majorité, par les actes » préliminaires énoncés aux articles 2 et 3, il y serait pourvu » conformément aux articles. » Or ces articles 2 et 3, que nous avons précédemment examinés, excluaient toute application de leurs dispositions entre le père et l'enfant naturel reconnu. L'esprit du projet était donc flagrant ; tout se combinait dans son système ; on partait toujours de cette idée, que les services étaient rendus par un TIERS, par un autre qu'un descendant déjà attaché par des liens authentiques.

Le Code n'a point reproduit de disposition qui fût à l'article 345 ce que l'article 10 du projet était à l'article 9 ; mais les intentions n'en sont pas moins les mêmes. On a jugé qu'une semblable disposition était surabondante et n'ajouterait rien au droit commun des articles 366 et suivants. Il a restreint, d'après les observations que firent MM. Tronchet et Treilhard dans la séance du Conseil d'état du 18 frimaire an XI, les *services importants,* aux cas prévus par la dernière partie du § 1er de l'art. 345 ; mais l'idée mère n'a pas été modifiée.

Il y a, soit dans l'exposé des motifs de M. Berlier, soit dans les deux rapports de M. Perreau au Tribunat, au nom de la Section de législation, et par M. le tribun Gary au nom du Tribunat, devant le Corps législatif, des fragments si précis, qu'il n'est pas permis d'élever le moindre doute à cet égard.

« La loi doit consacrer cette seconde espèce d'adoption,

» disait M. Berlier, comme *un encouragement aux grandes*
» *et belles actions.* » — Or nous avons dit que la loi ne pouvait
pas raisonnablement se défier de la piété filiale.

« Votre Section ose espérer, disait M. le tribun Perreau, que
» vous verrez favorablement, comme elle l'a vu, l'exception
» comprise dans l'article 345 du projet, qui accorde l'exercice
» de la faculté d'adopter envers celui qui aurait sauvé la vie à
» l'adoptant soit dans un combat, soit en le retirant des flam-
» mes ou des flots, et qui exige seulement que l'adoptant soit
» majeur, plus âgé que l'adopté, sans enfants ni descendants
» légitimes; et, s'il est marié, que son conjoint consente à
» l'adoption. C'est une heureuse idée que celle qui fournit à la
» reconnaissance un moyen de s'acquitter si parfaitement, pro-
» portionné au service; qui lui permet de donner le titre de
» fils et tous les avantages qui en résultent à celui qui, si j'ose
» ainsi m'exprimer, en a déjà rempli par *anticipation les de-*
» *voirs les plus sacrés* * . »

Comme toutes ces précisions sont significatives et nous mettent dans la confidence de l'intention du législateur! L'adoption rémunératoire est un moyen qui permet de *donner* le
titre de fils à celui qui en a déjà rempli par anticipation les
devoirs les plus sacrés. *Par anticipation;* donc il s'agit de
services rendus par celui qui n'avait pas encore la qualité de
fils. L'enfant naturel n'a pas rempli par *anticipation* les devoirs *sacrés* qu'impose le titre de fils. Voilà bien la théorie des
devoirs sacrés de la piété filiale consacrée par l'organe de la
Section du Tribunat.

Le tribun Gary disait à son tour : « Une exception légitime
» à quelques-unes des règles qui viennent d'être établies a

* Fenet, t. X, p. 447.

» été admise en faveur de celui qui aurait sauvé la vie à
» l'adoptant, soit dans un combat, soit en le retirant des
» flammes ou des flots. Un service aussi grand appelait une
» grande récompense, et la loi a dû donner de nouvelles fa-
» cilités à celui qui voudrait se déclarer le père de celui qui,
» par un grand acte de dévouement et de courage, aurait sauvé
» ses jours. — Le service signalé qu'il a reçu de l'adopté le
» dispense des soins que lui-même aurait dû lui rendre pen-
» dant sa minorité. On a cependant conservé à son égard la
» condition de prendre le consentement de son conjoint s'il
» est marié, et celle de n'avoir à l'époque de l'adoption ni en-
» fants ni descendants légitimes. Il serait en effet contradic-
» toire qu'une chose qui n'est que l'imitation ou le supplé-
» ment de la nature pût, dans aucun cas, figurer à côté de la
» nature elle-même *.

Il serait contradictoire qu'une chose qui est l'imitation et le
supplément de la nature pût, dans aucun cas, figurer *à côté*
de la nature elle-même! et pourtant elle pourrait se *superposer*
à la nature elle-même! ! !

D'un autre côté, en parlant de toutes les adoptions en général, M. Gary disait dans une autre partie de son rapport :
« L'adoption est un bien pour celui qui adopte, et elle lui
» donne la qualité de père que la nature lui avait refusée....
» Elle le rend heureux de tout le bien qu'il fait, de tous les
» soins qu'il donne à celui que la loi lui permet de nommer
» son fils **. »

L'adoption qui *donne* à l'adoptant la qualité de père, que
*la nature lui avait refusée! ! Le bien qu'il fait à celui que *la*

* Fenet, t. X, p. 468.
** *Ibid.*, page 470.

loi lui permet de nommer son fils ! ! ! Tout cela n'est-il pas décisif ! !

Ailleurs il ajoutait, au sujet de l'art 348 : « L'adopté ne » sort pas de sa famille naturelle ; ses père et mère conservent » sur lui tous les droits accordés aux pères et mères sur leurs » enfants majeurs. Quelques voix se sont élevées pour que » ces mêmes droits appartinssent au père adoptif ; mais on a » observé avec raison qu'on ne pouvait les lui conférer qu'au » préjudice du père naturel et légitime, et qu'alors il faudrait » l'en dépouiller ; et dans le concours, on a cru devoir donner » la préférence au père avoué par *la nature et par la loi* sur » celui dont la *loi* SEULE avait formé la paternité *. »

Et quelques lignes plus bas : « On s'est demandé s'il était » juste de faire concourir au partage de la succession du père » les enfants adoptifs avec les enfants nés postérieurement, » l'*image* de la nature avec la *nature elle-même ;* mais on a » reconnu que tout ce qui tient au sort des hommes devait » être immuable **. »

En parlant de la disposition qui prohibe le mariage entre ceux qui doivent à l'adoption la qualité d'ascendant et de descendant, il s'exprime ainsi : « L'*image* doit avoir ici le même » effet que la *réalité* ***. »

Quelques lignes après, il disait encore : « L'adoption est l'i- » mage de la nature ; mais combien cette image est faible ! qu'il » y a loin dans le cœur de l'homme de l'enfant du *sang* à celui » de son *choix* ****. »

* Fenet, t. **X**, p. 470.
** *Ibidem.*
*** *Ibidem.*
**** *Ibidem.*

Enfin il terminait son rapport par ces mots remarquables
« J'ai prouvé que l'organisation donnée à l'adoption par le
» projet de loi n'en fait que ce qu'elle doit être, *le* SUPPLÉ-
» MENT *de la nature* *. »

Groupez maintenant les divers fragments que nous avons
empruntés aux orateurs du gouvernement et du Tribunat,
faites-en un faisceau, et voyez si votre conviction n'est pas
complète !

M. Berlier a dit que, dans le cas de l'art. 345, le cas de l'adoption ordinaire, l'enfant est remis *aux soins officieux* D'UN
TIERS ; il a dit que le système tout entier du Code est un système de BIENFAISANCE ; il définit la paternité résultant de
l'adoption une QUASI-PATERNITÉ.

Le tribun Perreau déclare que l'adoption est une institution
qui vient créer des liens à défaut de ceux que *la nature a formés;* que ces rapports sont formés entre deux êtres jusque-là
ÉTRANGERS *l'un à l'autre.* En parlant des services extraordinaires qui autorisent l'adoption rémunératoire, il fait remarquer
combien il eût été injuste que celui à qui ils ont été rendus
ne pût pas *donner le titre de fils* à celui qui en a rempli par
ANTICIPATION les devoirs les plus sacrés.

Le tribun Gary professe qu'il serait contradictoire qu'une
chose qui est l'*imitation* et le *supplément* de la nature pût
figurer à *côté* de la *nature elle-même;* il définit l'adoption une
institution qui donne à l'adoptant une qualité que *la nature
lui avait refusée;* il oppose le père avoué par *la nature et la
loi* à celui qui est avoué *par la loi seule,* l'*image* de la nature
à la nature *elle-même,* l'*image* à la *réalité,* l'enfant du *sang*
à l'enfant du *choix.* Il a dit que les soins donnés et les secours

Fenet, t. X, p. 477.

fournis formaient entre l'adoptant et l'adopté une *seconde nature ;* qu'ils *croiront* mutuellement s'appartenir. Il a prouvé que le projet de loi tout entier n'a entendu admettre l'adoption que comme un *supplément* de la nature.

Si tout cela n'est pas décisif, ou plutôt sans réplique, quelles autorités faudra-t-il donc invoquer pour arriver à une démonstration ? Et encore n'avons-nous cité que quelques extraits. Il nous eût été bien facile, si nous l'eussions jugé nécessaire, de prouver que dans les trois discours prémentionnés de MM. Berlier, Perreau et Gary, il n'y a pas une seule proposition qui ne soit l'expression de la même idée et qui n'amène un même résultat. Nous engageons ceux qui douteraient encore à lire ces documents dans leur entier.

Nous arrivons à la troisième espèce d'adoption, l'adoption testamentaire.

III

DE L'ADOPTION TESTAMENTAIRE.

Elle est frappée de la même illégalité que les deux premières. Il suffit pour s'en convaincre de rapprocher quelques textes du chapitre de la tutelle officieuse. L'art. 366 suppose que la tutelle officieuse doit nécessairement précéder l'adoption testamentaire ; il faut avoir géré la tutelle pendant cinq ans au moins pour avoir le droit d'adopter testamentairement ; elle est donc une condition essentielle de la validité d'une telle adoption. Cela n'est pas contesté.

Or, qu'entend-on et que peut-on entendre par tuteur *officieux ?* le mot lui-même nous l'indique : c'est celui qui n'étant pas tenu d'être tuteur, s'impose volontairement cette charge, qui, sans autre mobile que celui de faire le bien, sans autre impulsion que ce sentiment qui est une vertu, *affectu liberalitatis quæ ex virtute depromitur*[*], se constitue spontanément, par un élan de philanthropie, le protecteur et le bienfaiteur d'un enfant dont la situation l'intéresse; qui consent à remplir toutes les charges de la paternité, bien que la nature ne lui en ait pas imposé l'obligation. Voilà, si je ne me trompe, le tuteur *officieux*.

Toute la discussion qui a eu lieu au Conseil d'état, dans les séances des 11 et 18 frimaire an XI, discussion dont nous avons rapporté précédemment plusieurs fragments, le démontrerait, s'il en était besoin, de la manière la plus irrécusable.

Mais comment voulez-vous donner cette qualité au père qui est tuteur de droit, qui est du moins par devoir obligé de subir la tutelle, qui ferait d'inutiles efforts pour la décliner[**]?

Assurément vous n'autoriseriez pas le tuteur ordinaire, c'est-à-dire un tuteur nommé dans les formes prescrites par le titre de la tutelle, et qui est obligé de subir cette charge publique, *munus publicum*, d'adopter par acte testamentaire son pupille ; car le tuteur qui est revêtu d'une qualité qu'il ne peut répudier s'il n'a une juste cause d'excuse, est l'inverse du tuteur *officieux*. Comment donc se montrerait-on plus favorable à l'égard du père, qui subit un devoir qui dérive de la nature, et dont la loi ne l'a pas dispensé, ou, si vous aimez mieux, qui tient de la nature un droit que la loi ne lui a pas enlevé?

Voulez-vous que le père ne soit pas le tuteur légitime de l'enfant naturel qu'il a reconnu, que la tutelle des enfants naturels soit toujours dative? — Je vous l'accorde; mais il n'en sera pas moins certain que l'idée de la tutelle officieuse, de la

[*] Cicéron, *De officiis*, III.
[**] *Vid.* notamment M. Loiseau, *Traité des enfants naturels.*

part du père, ne pourra prendre racine dans aucune des dispositions du *chapitre* affecté spécialement à cette tutelle.

Voyez chacune des dispositions qu'il renferme.

Comment voulez-vous sérieusement admettre que le texte de l'art. 366, qui dit que « celui qui voudra s'attacher un indi- » vidu dans sa minorité par un *titre légal* (le projet de fri- » maire disait par *des liens authentiques*), et devenir son » tuteur officieux, » soit applicable au père vis-à-vis de son enfant? Et par l'art. 364, qui déclare que « la tutelle officieuse » imposera l'obligation de *nourrir le pupille, de l'élever, de le* » *mettre en état de gagner sa vie?* » Ou bien par l'art. 365, d'après lequel, « si le pupille a quelque bien, et *s'il était an-* » *térieurement en tutelle*, l'administration de ses biens, comme » celle de sa personne, *passera* au tuteur officieux, qui ne » pourra néanmoins imputer les dépenses de l'éducation sur » les revenus de son pupille? » Enfin, par l'art. 369, qui dispose que, « si, dans les trois mois qui suivront la majorité du » pupille, les réquisitions par lui faites à son tuteur officieux » à fin d'adoption sont restées sans effet, et que le pupille ne » se trouve point en état de gagner sa vie, le tuteur officieux » *pourra être condamné à indemniser le pupille de l'incapa-* » *cité où celui-ci pourrait se trouver de pourvoir à sa subsis-* » *tance. Cette indemnité se résoudra en secours propres à lui* » *procurer un métier;* le tout sans préjudice des stipulations » qui auraient pu avoir lieu dans la prévoyance de ce cas. » Est-ce que le père ne s'est pas déjà attaché l'enfant par un *lien légal* en le reconnaissant? Est-ce qu'il n'a pas, par le fait de la reconnaissance, contracté l'obligation *de le nourrir, de l'é-lever?* etc., etc.

De bonne foi, ne serait-il pas oiseux d'ajouter encore quelque chose à ces observations?

La tutelle officieuse est définie par tous les auteurs, un contrat de *bienfaisance;* or, le contrat de bienfaisance est celui dans lequel l'une des parties confère à l'autre un avantage PUREMENT gratuit. (Art. 1105, Cod. civ.)

Et notez que vous ne pouvez adopter par l'adoption ordinaire celui dont vous ne pouvez devenir tuteur officieux, et que vous ne pouvez par suite adopter par acte testamentaire; car le système de la loi est un; la tutelle officieuse n'est pas un système à part; elle COMPLÈTE, disait M. Berlier, le système de bienfaisance; elle en est donc une portion *essentielle,* ainsi que le faisait remarquer surabondamment le tribun Perreau dans son rapport au nom de la Section de législation du Tribunat*. Il impliquerait que le père se trouvât placé dans l'impossibilité de remplir, vis-à-vis de son enfant naturel, les charges de la tutelle officieuse, et qu'il pût lui donner les soins et les secours ordinaires dont parle l'art. 345.

Les art. 361, 364 et suivants du Code civil, ou plutôt tous les textes du chapitre *De la tutelle officieuse,* doivent donc nécessairement être rapprochés de l'art. 345 du même Code; ils contribuent puissamment à déterminer son esprit et à mettre en relief les intentions du législateur, et ce rapprochement ou plutôt cette combinaison sont d'autant plus nécessaires, qu'entre l'adoption par acte testamentaire, comme conséquence de la tutelle officieuse, adoption que M. Berlier appelait avec tant de raison une espèce d'adoption *auxiliaire,* et l'adoption ordinaire régie par l'art. 345, il y a communauté d'origine et corrélation intime, comme on l'a vu dans le projet du 11 frimaire an XI.

On n'a même pas oublié que l'institution, qui a pris dans le Code le nom de tutelle *officieuse,* était classée au premier rang

* Fenet, t. 10, p. 452.

dans l'économie de ce projet; qu'elle y faisait l'objet des articles 2 et 3, l'article 5 correspondant à la première partie du § 1er de l'article 345 sur l'adoption ordinaire, et l'article 9 à la dernière partie du même paragraphe.

L'unité est dans le Code comme elle était dans le projet du 11 frimaire an **XI**, dont le Code n'est, moins quelques changements de méthode et de détail, que la reproduction fidèle.

Ainsi le même argument, c'est-à-dire le même principe, exclut les trois ordres d'adoption quand il s'agit d'un père qui voudrait adopter son enfant naturel.

La loi a voulu que ces trois adoptions constituassent une conquête par la bienfaisance, par des soins pendant six ans, ou par la tutelle officieuse gérée pendant cinq ans, ou par des services extraordinaires; et cette conquête est partout impossible, parce que là où tout s'explique par des devoirs réciproques, l'idée de bienfaisance disparaît, et le dévouement est destitué de ce mérite que l'on a seul voulu récompenser.

Le tribun Bouteville employait les mêmes expressions pour traduire ce caractère nouveau de l'adoption française lorsque, dans son rapport au Tribunat (sous la date du 22 germinal an **XI**) sur le projet de loi concernant les adoptions faites avant la publication du titre du Code sur les adoptions, il disait, en parlant du système de cette partie du Code : « Si le titre de » père est accordé par la loi, il ne le sera du moins qu'à l'homme » sensible qui s'en sera montré digne, et qui l'aura, pour ainsi » dire, CONQUIS à l'avance *par ses bienfaits*.* »

Jusqu'ici nous n'avons interrogé les textes du Code civil qu'à la faveur des travaux préparatoires; mais on peut laisser, si l'on veut, ces travaux à l'écart, rompre ce fil conducteur qui, attaché

---

* Locré, *Législation civile*, t. **VI**, p. 684.

au projet du 11 frimaire an XI, vient se relier au texte décrété par le Corps législatif; on peut laisser s'obscurcir cette traînée lumineuse qui nous a permis de suivre d'une manière reconnaissable le mouvement décrit par la pensée du législateur, surgissant, le 27 brumaire an XI, du cerveau de Napoléon, se formulant nettement dans les projets des 11 et 18 frimaire an XI, et arrivant saine et sauve, toujours intacte, jusque dans le Code. En renonçant un instant à ces guides si sûrs, nous n'en reconnaîtrons pas moins avec un peu d'attention que l'examen des textes purs suffit pour amener aux mêmes conséquences.

Nous proposerons à ce sujet les trois réflexions suivantes :

1° Il est certain qu'en exigeant pour la validité de l'adoption ordinaire la condition des soins donnés et des secours fournis, le législateur n'a pas entendu et n'a pu entendre prescrire une condition puérile et illusoire.

Or, je le demande, si ces soins ont été donnés et si ces secours ont été fournis autrement que par un esprit de bienfaisance et de générosité, s'ils ne constituent que des rapports de créancier à débiteur, que prouveront-ils? Ils se réduiront à l'état d'un acte tout matériel, destitué de toute moralité, de toute vertu, de tout mérite ; l'exigence de la loi sera vraiment puérile. Elle récompensera le père de ce qu'il a donné des soins et fourni des secours à son enfant, c'est-à-dire de ce qu'il a fait par devoir ce que tous les êtres vivants, dépourvus d'intelligence, font par instinct. Cicéron disait : *Commune item animantium omnium est conjunctionis appetitus, procreandi causâ, et cura eorum quæ procreata sunt*[*]. On a déjà vu que Justinien a reproduit, dans ses Institutes, un fragment d'Ulpien qui constate les mêmes faits[**].

[*] *De officiis*, lib. 1, iv.

[**] *Vid.* ci-dessus, page 73.

Il faut donc nécessairement donner à la loi une autre interprétation, et l'on arrive ainsi par la seule force du raisonnement à comprendre que ces soins doivent avoir été donnés ou ces secours fournis à titre de bienfaisance et de générosité, et qu'ainsi l'adoption n'est accordée qu'à celui qui l'a conquise.

2° Le texte de la première partie du paragraphe 1er de l'art. 345, qui règle les conditions de l'adoption ordinaire, exige des secours fournis et des soins *non interrompus*, donnés pendant *six ans au moins, pendant la minorité*, à celui qui doit être adopté.

Mais toutes ces précisions sont également significatives.

Pourquoi la loi exige-t-elle des soins *non interrompus?* Parce qu'elle suppose constamment que, donnés par un *tiers* qui n'y était pas obligé, il pourrait très-bien les avoir interrompus. Pourquoi précise-t-elle la durée que doivent avoir les soins donnés et les secours fournis, *six ans au moins?* Parce qu'il fallait nécessairement déterminer l'étendue de la bienfaisance qui pouvait conférer le droit d'adopter, sans quoi on serait à chaque instant tombé dans l'arbitraire. La troisième précision, qui porte sur la période de la vie dans laquelle il faut que les secours fournis et les soins donnés aient été reçus par celui que l'on veut adopter, c'est-à-dire l'état *de minorité*, est aussi l'expression de la même pensée.

Toutes ces précisions s'expliquent et concordent entre elles quand les services émanent d'un tiers qui n'y était pas tenu par un lien naturel ou de droit civil; mais de la part du père qui est nécessairement obligé de donner des soins et de fournir des secours incessants ou non interrompus, qui les doit à son enfant majeur comme à son enfant mineur, qui les lui doit, non pas pour un temps donné, non pas pendant six ans, mais toute la vie, les mêmes précisions sont inqualifiables.

7

L'esprit de l'art. 345 est donc, à ce nouveau point de vue, on ne peut plus manifeste.

3° Il est constant d'un côté que la tutelle officieuse constitue une condition essentielle et préalable de l'adoption testamentaire, et de l'autre que cette tutelle est un contrat de bienfaisance. Or, comment admettre que l'adoption testamentaire sera le prix de la bienfaisance, tandis qu'il en sera autrement de l'adoption ordinaire?

L'adoption rémunératoire est évidemment aussi l'objet d'une conquête ; il faut que l'adopté ait donné des preuves d'un dévouement extraordinaire, en sauvant la vie à l'adoptant dans un combat, ou en le retirant des flammes ou des flots. Si l'enfant est obligé de conquérir l'adoption en s'exposant à de grands dangers, pourquoi donc le père ne serait-il tenu à aucun sacrifice dans le cas de l'adoption ordinaire? ou plutôt pourquoi lui suffirait-il d'avoir eu le seul mérite de n'avoir pas étouffé le cri de la nature et de ne s'être pas exposé à l'action des lois?

Qui pourrait admettre que dans le même paragraphe d'un même article (345, § Ier) le législateur ait réuni deux espèces d'adoption dont l'une serait le prix d'un grand dévouement, tandis que l'autre serait acquise de plein droit !

Reconnaissons donc, même en nous bornant à interroger les textes purs, que la loi a voulu que l'adoption fût le prix du dévouement et du sacrifice.

Voilà par quels textes et par quels raisonnements l'adoption, dans les cas proposés, est défendue.

Et qu'on note bien, car ceci est capital, que cette condition essentielle des services antérieurs, la seule condition à vrai dire (car les autres prescriptions de la loi constituent moins des conditions proprement dites que l'absence d'un empêchement), constitue le droit commun. Il importe bien de peser cette rédaction de l'art. 345 : « *La faculté d'adopter ne* POURRA *être* » *exercée qu'*ENVERS L'INDIVIDU *à qui l'on aura,* etc., etc... » Conçue en termes généraux et absolus, elle n'admet pas d'exceptions, et sa formule si énergique annonce d'ailleurs suffisamment que la condition est essentielle, ce qui s'explique très-bien par cette raison que l'adoption, fiction créée par le législateur, ne peut exister que par l'accomplissement de toutes les conditions qui lui ont été imposées. — Les tribunaux qui décideraient autrement violeraient de la manière la plus manifeste les dispositions de l'article précité ; ils ne peuvent se faire illusion à cet égard.

Et qu'on n'espère pas échapper à l'argumentation qui précède en disant : Le système de bienfaisance créé par la loi est un système fait pour les cas ordinaires ; il n'en faut pas nécessairement induire que dans des cas particuliers, comme dans l'espèce, l'adoption ne se concilie avec le même système.

Cette objection serait destituée de toute exactitude.

Il ne s'agit pas seulement d'un système de bienfaisance, mais bien de conditions *essentielles et substantielles de toute adoption*, de conditions *rigoureuses* sans lesquelles le contrat d'adoption ne saurait exister. Il ne faudrait donc rien moins qu'une exception textuelle pour dispenser l'enfant naturel de ces conditions.

Les conditions reposent sur un système de bienfaisance, elles le constituent sans doute ; mais ce sont bien des conditions substantielles.

Tout cela est établi de la manière la plus certaine par les travaux préparatoires du Code.

En produisant, dans la séance du 27 brumaire an XI, le premier jet de l'article 345, Napoléon dit : « Il est possible de » n'admettre l'adoption *que sous des* CONDITIONS. » On connaît la formule significative des articles 1, 2, 3, 5 et 9 des projets des 11 et 18 frimaire an XI. — D'un autre côté, M. Berlier, conseiller d'état, qui était avancé plus que tout autre dans l'esprit des projets qu'il avait constamment rédigés, disait, comme on l'a vu dans son exposé des motifs du 21 ventôse an XI : « Rendre le contrat parfait et n'y faire concourir que » des majeurs, sans effacer la CAUSE ESSENTIELLE du contrat, » en admettant *les services* rendus en minorité, tel était le » problème; il a été résolu.

» Cette CONDITION de services préalables a paru *si* ESSEN- » TIELLE dans le PRINCIPE du contrat et si heureuse dans ses » effets, qu'on n'a pas cru devoir en *dispenser* l'oncle vis-à-vis » du neveu, comme quelques personnes le demandaient. »

Ainsi deux choses sont positivement établies par ces fragments, d'ailleurs d'accord avec la rédaction énergique de l'article 345 ; la première, c'est que les services préalables sont la cause essentielle, la condition essentielle du *principe* du contrat, et la seconde qu'aucune exception n'a été apportée à cette règle générale.

Enfin, l'article 355, qui dispose que « le tribunal, réuni en » la chambre du conseil, vérifiera 1° si TOUTES LES CONDITIONS » de la loi sont remplies, » rend toute réplique impossible.

Voudrait-on ajouter encore, comme en désespoir de cause : Les services antérieurs qui constituent la condition essentielle et la condition générale de l'adoption n'ont été établis que pour avoir une preuve certaine que l'adoptant avait déjà pour l'adopté une affection de père? Or, cette affection se présume de plein droit de la part du père naturel. Donc les services antérieurs sont inutiles.

Mais si cette objection était vraie, il faudrait alors dispenser le père de toute justification de soins donnés ou de secours fournis pendant six années, et M. Dupin reconnaît que le père n'est pas affranchi de cette justification, qu'il est soumis au droit commun de l'article 345*.

Vous estimez donc que l'affection présumée ne suffit pas, qu'il faut la prouver.

Or, quelle preuve exigez-vous? des soins et des secours; mais elle est illusoire, car le père, astreint par le droit civil à les donner, n'a produit en cela aucune preuve d'affection. Quel est le père qui oserait, pour établir qu'il affectionne ses enfants, se borner à dire qu'il les a nourris, qu'il ne leur a pas refusé le pain matériel de la vie?

Il ne s'agit d'ailleurs ici ni de tendresse ni d'affection; il s'agit de conquête, d'actes méritoires. Les actes méritoires, c'est-à-dire les *services*, sont bien destinés à prouver ou du moins à faire présumer l'affection de celui qui les a rendus, et la reconnaissance de celui qui les a reçus; mais cette preuve, d'ailleurs indispensable, ne peut résulter que des *services*. L'adoption n'étant pas dans la nature, il faut un sacrifice pour la mériter; la loi ne l'accorde qu'au prix d'un sacrifice; elle est la rémunération promise au triomphe de la charité et de la bienfaisance sur l'esprit d'égoïsme et d'avarice. Pour y prétendre, il faut que l'homme lutte, qu'il lutte contre lui-même, contre cet esprit étroit d'individualisme, qui est un ennemi d'autant plus dangereux qu'il est inné, qu'il tend constamment à grandir et à se développer. S'il ne l'a pas vaincu, s'il n'a pas donné à la société, dans la personne de l'un de ses membres, un gage légitime de son dévouement, il n'a aucun titre à la récompense promise.

L'intérêt des individus ne peut être séparé de l'intérêt social;

---

* Réquisitoire du 28 avril 1841.

ou plutôt les jouissances, les avantages, les honneurs que procure l'adoption ne peuvent être achetés que par un tribut payé à l'intérêt social. Et c'est en cela que la philosophie de la loi est admirable. L'orateur du gouvernement et des organes du Tribunat n'ont pas manqué de la faire ressortir*.

L'adoption, ce n'est pas un bénéfice du droit naturel, accordé à tous ceux qui y prétendent; elle est comme une couronne composée de fleurs tout artificielles, tressée tout entière par les mains du législateur qui ne la décerne qu'à ceux qui se placent dans les conditions qu'il a établies.

L'adoption, ce n'est pas un fruit spontané qui puisse être cueilli sans aucun effort, sans que le germe en soit cultivé avec soin ; il faut, pour le faire mûrir, dans les cas ordinaires, une action persévérante. L'adoption enfin, ce n'est pas une consolation vulgaire que l'homme profondément attristé par la mort prématurée d'un fils unique, par la stérilité de son mariage, l'isolement de son veuvage, ou du célibat auquel il s'est condamné, puisse espérer de rencontrer sur ses pas, dans une voie plénière; non, c'est parce qu'elle est plus précieuse, la plus précieuse des consolations de la vie, la plus douce des illusions, la seule qu'il soit peut-être permis à l'homme de poursuivre, qu'on l'a placée à une hauteur à laquelle l'homme ne pourra atteindre sans avoir subi des épreuves légitimes.

Tels sont les vrais caractères de l'adoption ; et puisqu'ils sont incontestablement tels, elle doit être, en vertu du droit commun de l'article 345, refusée au père qui voudrait adopter son enfant naturel.

Nul n'est affranchi de ces épreuves; elles constituent la loi

---

* *Vid.* notamment le rapport du tribun Gary. — Fenet, tome X, pages 460-461.

commune ; et ceux qui se trouvent dans une position relative telle qu'ils ne peuvent faire que par devoir ce que d'autres ne font que par abnégation , par sacrifice, par dévouement, sont indignes de prétendre à la rémunération qui n'est due qu'à ceux-ci.

Les actes émanés des uns et des autres sont bien matériellement les mêmes ; mais ils n'en sont pas moins séparés par toute la distance qui existe entre l'accomplissement d'un devoir naturel et sacré et l'héroïsme de la vertu.

Cette proposition que la règle de l'article 345 est générale , n'est pas contestée. Nos adversaires eux-mêmes le confessent, et précisément ils en argumentent contre nous, en nous disant que, puisqu'elle n'exclut pas l'enfant naturel, elle autorise son adoption. Nous acceptons donc avec empressement le terrain sur lequel ils se placent , et nous retournons contre eux exactement la même règle.

Nous leur avons enlevé par ce moyen la position si avantageuse dont ils se sont emparés, Ils nous disaient jusqu'ici : Prouvez que l'adoption est défendue dans l'espèce. Nous leur répondrons : D'après votre propre aveu , la règle générale est dans l'article 345 ; eh bien ! vous ne pouvez remplir les conditions substantielles qu'exige cette règle générale pour la validité de cette adoption. C'est donc à vous à prouver que vous êtes dispensés de les remplir. Justifiez d'une exception. Il ne faudrait rien moins qu'un texte qui , placé à côté de l'article 345, disposerait : « Néanmoins, il sera loisible au père d'adopter » l'enfant naturel qu'il aurait reconnu. »

C'est là tout notre système.

Les raisonnements puisés dans les textes limitatifs de la capacité de disposer en faveur de l'enfant naturel , dans l'art. 331, qui n'admet la légitimation que par un mariage subséquent , dans les articles 348, 349, etc., qui supposent que l'adoption n'est faite qu'en faveur de celui qui n'a pas déjà la qualité d'enfant, étaient sans doute et sont encore d'un grand poids. Loin de moi la pensée de les amoindrir; mais *par la manière dont ils étaient présentés*, ils constituaient plutôt la contre-épreuve du système de l'invalidité, qu'ils n'en établissaient la preuve décisive. Ils frappaient d'une manière plus oblique que directe; ils présupposaient plutôt le système qu'ils ne le justifiaient d'une manière positive; ils faisaient harmonie autour de lui, mais ils ne pouvaient lui servir de pivot; en d'autres termes, ils étaient moins la base que le couronnement de cette doctrine, et par cela même ils étaient contestables. On se divisait sur leur autorité, si bien qu'on les avait jusqu'ici assez généralement écartés. Une majorité s'était, il est vrai, formée en faveur de la validité de l'adoption; elle s'était considérablement grossie sous l'influence de l'arrêt du 28 avril 1841 ; mais à côté de cette majorité restait debout une minorité imposante, persévérant dans ses convictions.

Et il était reçu que dans les deux camps, malgré les résultats obtenus, on avait à regretter, tous les jours, d'avoir à signaler plus d'un transfuge. C'est que les convictions n'étaient pas, en général, assez profondes, et elles ne l'étaient pas précisément à cause de la manière dont la lutte s'engageait, à cause du terrain sur lequel on l'avait placée.

Les partisans de notre opinion n'osant point accepter celui de l'article 345 comme constituant la règle générale, les deux systèmes n'en venaient jamais directement aux prises. Ce n'était pas entre eux une lutte décisive, corps à corps, qui doit avoir des résultats évidents pour tous, devant lesquels il faut que l'un ou l'autre s'avoue vaincu. Toute la lutte consistait en un échange de traits qui se croisaient sans se rencontrer.

Aussi, l'épreuve restant douteuse, il fallait fort souvent recommencer; et ces doutes réagissant constamment sur les esprits, les opinions ont fini par tomber dans un état de scepticisme complet. Cette oscillation s'est produite depuis le Code, et maintenant elle est devenue plus sensible que jamais. Les docteurs ont donné l'exemple. MM. Grenier et Toullier s'étaient d'abod prononcés contre, puis ils se prononcent pour[*]. M. Merlin, encore plus mobile, s'est prononcé d'abord contre la validité de l'adoption, puis il s'est décidé pour, et, par une troisième évolution, il a fait retour à son premier drapeau[**].

L'exemple une fois donné, les tribunaux n'ont pu s'en défendre. Ainsi, la cour d'Angers, dans l'espace d'un seul mois, a rendu deux arrêts en sens contraire. Et la Cour de cassation elle-même, qui, par la nature de sa mission, semblerait devoir être à l'abri de la mobilité d'idées qui s'expliquent moins difficilement de la part des tribunaux ordinaires, est venue justifier par son arrêt toutes ces oscillations et ces incertitudes. La même chambre qui avait rendu l'arrêt du 28 avril 1841 s'est prononcée, après partage, le 16 mars 1843, dans un sens diamétralement opposé.

De là un grand mal, un mal auquel il est difficile de remédier. La société n'a pu rester spectatrice impassible de ces longues fluctuations. L'effroi s'est répandu aussitôt dans un grand nombre de familles menacées d'une ruine complète, et les voilà suspendues pour longtemps peut-être entre la crainte

---

[*] Toullier, édition de 1809 et de 1826. — Grenier, *Traité sur l'adoption*, qui se trouve à la fin de son *Traité des Donations et Testaments*, dernière édition.

[**] Répertoire, v° *Adoption*, dernière édition.

et l'espérance, implorant de l'avenir une sécurité qu'elles ont perdue.

Il faut donc pour sortir de l'état de doute accepter franchement et hardiment la question dans les termes mêmes où nos antagonistes l'ont posée.

C'est ce que nous avons fait. Ainsi, nous n'attaquons plus le problème proposé par des moyens obliques ou détournés ; nous ne l'abordons pas pour l'examiner avec des inductions plus ou moins pressantes ; nous combattons l'adoption proposée non par le côté, mais de front. Nous disons : nulle adoption n'est valable sans les conditions prescrites par l'article 345. Le père et l'enfant naturel sont incapables de les remplir l'un vis-à-vis de l'autre, et leur incapacité est perpétuelle, elle est indestructible comme les rapports que la nature et la loi ont formés entre eux.

Pour renverser ce système, il faut de deux choses l'une : ou prétendre qu'il n'est pas nécessaire que les soins donnés et les services fournis l'aient été par esprit de bienfaisance et de générosité, *nullo jure cogente*, ou bien qu'il peut y avoir bienfaisance là où il y a obligation de droit naturel ou de droit civil.

Si aucune de ces propositions n'est exacte, l'invalidité de l'adoption est nécessairement établie.

A moins qu'on ne voulût essayer de prouver que le père et l'enfant naturel sont, par un privilége particulier, dispensés des conditions prescrites par le droit commun.

Qu'on choisisse.

L'option, nous le disons en toute sincérité, nous paraît un peu gênante.

Comment donc, quand tout le système de la loi se réduit à des proportions si simples et d'une vérité si frappante, en présence des documents historiques qui précèdent, la doctrine que nous combattons avait-elle pu rallier autour d'elle de si nombreux partisans?

Quelqu'un d'eux aurait-il contesté une ou plusieurs des propositions principales qui précèdent? Aurait-il dit, par exemple, que dans le sens de l'article 345, il n'était pas nécessaire que les soins eussent été donnés et les secours fournis à titre de générosité ou de bienfaisance? Cette allégation n'était pas possible : aussi voit-on M. Locré, que je cite de préférence, parce qu'il a été le premier éditeur de la solution contraire, consacrer un paragraphe spécial à cette proposition que les *services* antérieurs rendus par générosité et par bienfaisance sont la condition essentielle de toute adoption. Ce paragraphe porte pour rubrique : *De la condition d'avoir reçu des bienfaits de l'adoptant ou de lui avoir rendu d'importants services* *. Ou bien se serait-on abusé au point de croire que les soins donnés et les secours fournis par le père l'étaient à titre de bienfaisance et non à titre de devoir, ou peut-être que l'adoption d'un enfant naturel de la part du père qui l'a reconnu est régie par un droit exceptionnel? Pas davantage. M. le procureur général Dupin disait en effet, dans son réquisitoire du 28 avril 1841, en réfutant une des objections proposées contre la validité de l'adoption : « 2ᵉ objection. Dans
» l'hypothèse où l'adoption a été faite par le père, on objecte
» qu'il aurait dû être dispensé des conditions d'âge, de services
» préalables, de moralité; je réponds que non : la condition
» d'âge est toujours remplie de fait; mais ce n'est pas une rai-
» son pour en dispenser. Les soins donnés, les services rendus
» sont de *bienfaisance* entre étrangers; ils sont de *devoir* de

* *Esprit du Code civil*, tome 4, page 310.

» père à fils. » Ils sont de *bienfaisance* entre étrangers, ils sont de *devoir* de père à fils! Mais vous condamnez par cela même tout votre système. Vous avez touché à la vérité de bien près, mais vous ne l'avez pas saisie. Il ne s'agissait en effet que d'ajouter à vos propositions la majeure, et dire : L'adoption est basée sur un système de bienfaisance, c'est la règle générale de l'article 345; il faut la conquérir nécessairement par la bienfaisance, au moyen de services antérieurs. Or, les services sont de *devoir* de père à fils; et d'un autre côté le père et le fils naturel ne sont pas dispensés des conditions ordinaires prescrites par le droit commun (M. Dupin même le reconnaît). Donc, etc.

On le voit : l'exactitude de toutes les propositions ou prémisses sur lesquelles s'appuie notre doctrine est reconnue ; elles sont toutes avérées ; comment les contester ? Mais ce qui a induit en erreur, c'est qu'on n'a pas aperçu le lien qui les unissait; on n'a pas songé à les enchaîner dans leur ordre logique ; on a omis de leur donner la forme syllogistique, et on n'a pas eu la conséquence exacte.

Les tribunaux et les cours qui ont admis l'adoption dans l'espèce ont dit : Il est prouvé que le père a donné des soins et fourni des secours non interrompus à l'enfant pendant sa minorité; cela nous suffit, les conditions de l'article 345 sont remplies. Ils se sont donc arrêtés au fait *matériel*, au fait extérieur, sans se préoccuper de son caractère ; ils sont ainsi restés à la surface de l'article 345, dont ils n'ont vu que la lettre morte, et dont l'esprit est resté voilé par eux ; et par cela même, tout en paraissant respecter la lettre de la loi, ils ont jugé en fraude de la loi puisqu'ils ont violé son esprit; ils ont mérité qu'on leur appliquât ce texte du jurisconsulte Paul..... « *In fraudem (legis) facit qui salvis verbis legis*

» *sentenliam ejus circumvenit**. » Ils n'ont point remarqué que la condition prescrite par l'article 345 était complexe, qu'il ne suffisait pas que des soins fussent donnés ou des secours fournis, mais qu'il fallait qu'ils fussent donnés et fournis à titre de pure bienfaisance, *animo benefaciendi et propter nullam aliam causam quam propter liberalitatem et munificentiam....;* ou du moins s'ils l'ont remarqué, ils ont semblé admettre que le fait extérieur et le caractère de la bienfaisance étaient nécessairement et toujours unis l'un à l'autre, tandis qu'ils sont essentiellement distincts et se trouvent séparés toutes les fois qu'il y avait, comme dans l'espèce actuelle, lien coërcitif contre celui qui a donné les soins et fourni les secours.

C'est là une des causes principales, ou plutôt la cause principale de l'erreur qui s'est accréditée.

Puis, ce qui a exercé dans le même sens une grande influence et fait passer inaperçue la raison de décider prise dans l'article 345, c'est ce fait historique présenté comme certain, dans l'origine, par M. Locré, à savoir que la discussion du Conseil d'état prouvait, *in terminis*, la validité de l'adoption. La qualité de secrétaire général du conseil donna nécessairement à cette assertion de M. Locré une grande autorité. Les esprits une fois imprégnés de cette pensée, il a été bien difficile de les convertir. Alors ils se sont ingéniés à plier tous les textes à cette solution; ils ont voulu assouplir tous les raisonnements et toutes les considérations pour les courber devant ses exigences. — Aujourd'hui même tous ceux qui se déclarent contre l'autorité de l'arrêt du 16 mars 1843 fondent leur opposition ou leur dissentiment sur les discus-

---

* Frag. **29**, *De legib. senatus consult.*, etc., etc.

sions du Conseil d'état, en frimaire et nivôse de l'an **X** *.

On sait maintenant ce qu'il faut penser de l'affirmation de M. Locré, et après lui de MM. Merlin et Dupin. Et il est tout aussi aisé d'expliquer comment on a tronqué le texte des procès-verbaux. En l'an **X**, la discussion roule nettement sur la question ; on la tranche en faveur des enfants naturels. L'article 9 du projet de frimaire an **X**, qui la prohibait, est supprimé. Le fait était significatif ; on n'est pas allé plus loin. On a bien lu les procès-verbaux postérieurs ; mais comme on n'y trouvait aucune dérogation *textuelle* à ce qui avait été d'abord délibéré, on les a voués à l'oubli. On les a voués à l'oubli parce qu'on ne s'est pas pénétré de la différence qui séparait les projets primitifs de ceux qui les ont suivis ; que l'on n'a pas réfléchi aux conséquences de l'innovation résultant de la condition des *services antérieurs*, condition qui d'une manière virtuelle et implicite excluait l'adoption et détruisait nécessairement les votes des projets antérieurs sur cette question.

On a éclairé les dispositions de l'art. 345 par les discussions, dans le sein du Conseil d'État, en frimaire et nivôse de l'an **X** ; et on n'a pas remarqué que cet article n'avait été conçu que onze mois après, c'est-à-dire dans la séance du 27 brumaire an **XI**, et qu'il n'était né que le 11 frimaire suivant. Ainsi le Conseil d'état avait fixé le sens d'un texte avant même qu'il fût conçu, et par des délibérations qui, d'après les témoignages authentiques dont nous parlerons bientôt, sont restées ensevelies dans le plus profond oubli jusqu'après la promulgation du Code civil.

Voilà comment tout s'explique. Les éléments du débat

---

* *Vid.* le *Droit* du 31 mars 1843. — Sirey, 1843, 1-178. — Dalloz, 1843, 1-97.

étant ainsi tronqués, les titres annulées ou abrogés étant seuls produits, tandis qu'on laissait sous le boisseau les textes seuls légitimes, la décision du juge a été nécessairement erronée.

On a expliqué les intentions des auteurs du Code civil par un contre-sens flagrant et palpable. A sa dernière volonté on a substitué une volonté antérieure dont il s'était départi, qu'il avait changée, révoquée, rompue par de nouvelles dispositions inconciliables et incompatibles avec les premières. C'est comme si dans un procès ordinaire, pour arriver à la connaissance de la dernière volonté d'un père de famille, on produisait le testament antérieur révoqué par un testament postérieur, en laissant dans l'ombre ce dernier testament.

On a donc nécessairement faussé les intentions du législateur.

Aussi voyez comme la volonté qu'on lui a supposée a réagi sur tout l'ensemble de son système ! voyez la profonde perturbation qu'elle a produite dans toute son économie, perturbation qui ne peut s'expliquer que par la violation d'un grand principe ! Le 2 germinal an XI (12 avril 1803) il décrète le titre 7 du livre I *De la paternité et de la filiation*, dans lequel il consacre ces deux principes : 1° que l'enfant naturel reconnu ne pourra réclamer les droits d'enfant légitime ; 2° que les enfants nés hors du mariage ne pourront être légitimés que par le mariage subséquent ; et précisément le même jour, au même instant (circonstance on ne peut plus digne de remarque), il décrète le titre 8 du même livre, celui *De l'adoption*, dans lequel il aurait implicitement admis que l'enfant naturel pouvait, au moyen de cette fiction, avoir tous les droits d'enfant légitime, sans que le vice de sa naissance ait été purifié par le bénéfice du mariage subséquent ! Ainsi deux grands principes sont par lui posés ; ils sont fondamentaux : ils doivent organiser la famille nouvelle, restituer à la légitimité les avantages que lui avait ravis la révolution, préserver l'avenir des abus dont elle s'était rendue coupable, et au même moment il ouvre une porte détournée, à l'aide de laquelle l'enfant pourra trouver accès à l'hérédité légitime, autrement que par les grandes voies qui viennent d'être tracées. A côté des prescriptions qu'il indique, il va fournir un moyen légitime de les violer : il démolit d'une main ce qu'il édifie de l'autre !

Quelques jours après, c'est-à-dire le 19 avril 1803, il décrète le titre *Des successions*, dans lequel il se montre fidèle aux principes posés dans le titre de la paternité et de la filiation. Le 3 mars suivant, il persiste encore, comme on le voit, dans l'art. 908, qui fait partie du titre *Des donations et testaments ;* il veut que les enfants naturels ne puissent rien recevoir au delà de ce qui a été réglé au titre des successions.

Quatre titres, parmi les plus importants du Code, sont ainsi décrétés en quelques jours ; trois sont parfaitement d'accord : le titre *De la paterité et de la filiation*, le titre *Des successions*, le titre *Des donations et testaments.*

L'ensemble est parfait, et celui de l'adoption seul vient troubler toute cette harmonie ! Non, cela n'est pas possible de la part de ces hommes qui, pénétrés de la grandeur de leur mission, nous ont souvent révélé que leur but était d'imprimer à nos lois une majestueuse unité, considérée avec raison comme la plus éminente des qualités attachées aux œuvres de l'intelligence humaine *.

Mais, nous l'avons prouvé, si l'harmonie est ainsi troublée, ce n'est pas eux qu'il faut en accuser ; ce reproche est mérité

---

* Portalis, *Discours préliminaire sur le Code civil.*

tout entier par ceux qui ont mal interprété leur œuvre, qui, en validant l'adoption dans le cas donné, ont 1° fait tomber les barrières élevées entre la famille légitime et la famille naturelle ; 2° porté une atteinte préjudiciable à la dignité du mariage en exécutant une loi décrétée le jour même où les auteurs du Code civil se plaisaient à reconnaître que *la société ne peut rien souffrir qui blesse son institution fondamentale, le mariage *;* 3° méconnu tous les faits accomplis depuis le 27 brumaire an XI ; 4° enlevé à l'adoption française son caractère propre, son influence sociale, son génie, qui est le génie de la conquête par l'amour, par la charité, par le dévouement, par le sacrifice ; 5° émoussé son aiguillon moral excitant l'homme vers cette vertu éminente qui le rend, autant que sa nature le permet, l'image du Dieu dont le sang l'a racheté, je veux dire la bienfaisance ; qui le pousse vers des actes de courage et d'héroïsme pour sauver les jours de son semblable ; 6° faussé, en l'admettant pure et simple, comme le voulaient les projets de l'an X, sans condition de services antérieurs, une des pensées les plus sages et les plus heureuses de Napoléon considéré comme législateur, une idée toute chrétienne, à laquelle nous sommes redevables du titre *De l'adoption;* 7° enfin, abaissé la question de toute adoption jusqu'aux proportions étroites d'une question d'intérêt individuel, tandis qu'il faut constamment la tenir à la hauteur d'une question d'intérêt général, et dispensé ainsi, arbitrairement, l'enfant naturel qui veut être adopté par son père, des conditions de services antérieurs exigés par l'article 345 du Code civil.

Le système opposé, qu'on ne s'y trompe pas, se résume

---

* Rapport du tribun Duveyrier sur le titre *De la paternité et de la filiation,* du 2 germinal an XI. — Fenet, t. X, p. 236.

tout entier à cela : il dispense, par une exception et un privilége arbitraires, l'enfant naturel des conditions exigées par la règle générale de l'article 345 ; car il est évident que le père ne peut jamais remplir vis-à-vis de lui ces conditions, et réciproquement, en ce qui concerne l'adoption rémunératoire.

Le Code civil, en organisant l'adoption sur le système de la bienfaisance, s'est distingué de tous les autres codes; il s'est montré en cela supérieur à toutes les autres législations qui ont admis la même institution.

Ni les législateurs de la Grèce, ni les jurisconsultes de Rome, n'avaient songé à la fonder sur cette base. Les sociétés païennes n'ont su rien fonder pour organiser le système de bienfaisance. Leurs législations, ne trouvant rien dans les mœurs qui respirât ce sentiment, n'ont eu rien à introduire d'analogue dans leurs lois. Au christianisme seul l'honneur d'avoir créé les institutions vraiment philanthropiques! Dans les sociétés antiques le législateur s'occupe du point de vue politique et semble dédaigner le point de vue humanitaire. Dans l'homme il ne voit qu'un citoyen.

Le christianisme a fait naître des idées tout opposées *.

L'adoption n'est considérée chez les peuples de l'antiquité que comme un ressort politique, comme un moyen de perpétuer les races, de recruter des citoyens. Il est fort douteux que l'adoption de l'enfant naturel ait été reçue en Grèce; il est certain qu'à Rome elle n'était pas permise. Fût-elle permise, on n'en pourrait rien conclure pour notre droit, à cause de la distance immense qui sépare les enfants naturels d'après les mœurs des Romains et les nôtres. Un instant, dans le Bas-Empire, un Empereur romain la valide; c'est Anastase, c'est un

---

* Vico a fait ressortir ces divers points de vue dans sa *Philosophie de l'histoire*. (*Passim.*)

prince qui s'est prononcé contre les saines doctrines ; il la valide le lendemain du jour où il a pris parti en faveur des hérétiques !! Moins de douze ans après, Justin la prohibe de nouveau ; Justin, un prince ami de l'Église catholique , Justin la prohibe le lendemain de son retour au catholicisme ; c'est un gage qu'il donne à ses peuples de la sincérité de sa conversion, et Justinien, son successeur, consacre cette prohibition. Tout cela n'est-il pas digne d'être remarqué ?

La révolution elle-même, si favorable aux enfants illégitimes, n'avait pas osé consacrer, en principe, la validité de l'adoption des enfants naturels. On a bien jugé plus tard qu'elle avait été permise ; mais par suite de l'absence de toutes règles, de toutes conditions imposées à l'adoption, par l'absence de toute organisation de l'adoption.

Le Code Prussien, l'un des codes modernes qui ont organisé avec plus de soin la même institution, renferme des dispositions incompatibles avec l'adoption des enfants naturels *. Le Code Sarde **, le Code Bavarois *** l'ont défendue par des dispositions textuelles. Nous ne connaissons aucune législation qui l'admette. On prête donc aux auteurs du Code civil une doctrine toute exceptionnelle, qui n'a eu aucun précédent et qui n'a trouvé aucun imitateur. On leur prête cette doctrine si éminemment abusive, à eux qui nous apprennent que, s'ils ont fait subir tant d'épreuves aux travaux préparatoires de ce titre, c'est pour que l'adoption française méritât d'être classée au-dessus de toutes les autres ! !

---

* On le trouve rapporté dans M. de Saint-Joseph, *Concordance des Codes étrangers*, page 15.

** Art. 191.

*** Art. 10-11.

Quel contraste entre le vœu de la loi et l'exécution que son œuvre a reçue !

Le législateur admet principalement l'adoption, c'est Napoléon qui nous le dit le 27 brumaire an XI (et tous ceux qui ont le mieux étudié le *projet* nous le disent après lui, le tribun Perreau après M. le conseiller d'état Berlier, après le tribun Perreau le tribun Gary), pour donner un protecteur et un père à l'enfance malheureuse et délaissée, à des orphelins privés de tout appui, et on ne s'en sert plus que pour autoriser un père à adopter son enfant naturel ! Une institution éclose sous l'influence d'idées morales et humanitaires ne fonctionne plus que pour désaffectionner les citoyens du mariage, pour restituer à la bâtardise les droits qu'on a voulu lui refuser ! ! Encore, des hommes de bonne foi, des hommes dont nous respectons le caractère, et dont nous admirons le talent, ont-ils cru pouvoir nier ces conséquences désastreuses * ; ils sont convaincus que l'adoption des enfants naturels n'a rien qui soit contraire aux mœurs publiques; ils ont même cherché à établir qu'elle était en harmonie avec ces mœurs **. Ils ont donc oublié ce que disaient les empereurs Justin et Justinien de cette doctrine ! Justin, rétablissant la prohibition levée par Anastase, dit : *Injusta* LIBIDINUM *desideria nulla de cætero venia defendet* ***; et Justinien maintient cette prohibition : *quoniam* CASTITATEM *diligenter consideravit* ****. Ils ont donc oublié que la prohi-

* On ne saurait contester que l'adoption des enfants naturels ne se produise, surtout auprès de certaines Cours, dans une progression ascendante.

** Réquisitoire de M. Dupin, du 28 avril 1841; — de M. Laplagne-Barris, du 15 mars 1843. — Dalloz, 1843, t. I, p. 97.

*** Const. 7, Cod. *De nat. lib.*

**** Novelle 74, chap. 3.

bition fut levée par un prince relâché dans ses doctrines, ennemi du catholicisme, et rétablie par deux empereurs amis des vrais principes ! !

Quoi ! une doctrine qui ouvre, à côté de la légitimation par mariage subséquent, une voie qui pour le père et pour l'enfant aboutit au même résultat, les droits attachés à la qualité d'enfant légitime, n'est pas hostile au mariage ! Le mariage a ses charges et ses devoirs. La paternité adoptive n'ajoute, pour le père naturel, aucune charge à celles dont il est déjà grevé ; et il aimera mieux contracter mariage qu'adopter ! il donnera la préférence à une voie qui a ses aspérités sur une voie on ne peut pas plus large, on ne peut pas plus facile, on ne peut pas plus commode pour lui ! Il faudrait refaire l'homme pour ajouter foi à ces idées.

Qui le croira ? une doctrine qui, dans le Bas-Empire, au sixième siècle, au milieu du désordre et des agitations politiques, dans le chaos et l'anarchie des sectes religieuses, est déclarée contraire à la chasteté des mœurs publiques, hostile au mariage, en opposition directe avec l'intérêt social, n'offrirait plus les mêmes caractères, et serait autrement appréciée dans le sein d'une société qui, relevant à peine d'un immense naufrage, doit mieux que toute autre comprendre le prix des institutions sociales et s'attacher avec plus d'ardeur à toutes les idées conservatrices !

Mais non, tout cela ne touche pas même des hommes, des magistrats, dont les opinions sont pourtant on ne peut plus sages.

« On a voulu, dit M. le procureur général Dupin, invoquer
» la morale contre la validité de l'adoption de l'enfant naturel ;
» d'une part ; on vous a dit qu'il y aurait danger pour les
» mœurs publiques à permettre l'adoption des enfants naturels

» reconnus, et d'autre part on a soutenu qu'il y aurait un
» péril bien plus grand encore à défendre ces sortes d'adoption!
» Chose étrange ! se peut-il donc qu'on soit divisé sur une
» question de morale? n'est-ce pas d'elle qu'on a pu dire :
» *non est alia Romæ, alia Athenis !* Cependant il n'est que
» trop vrai, messieurs, les questions même morales peuvent
» quelquefois être envisagées sous des points de vue différents.
» Il y a des doctrines dont le relâchement tue la morale ; il y a
» aussi un rigorisme outré qui transformerait le droit lui-
» même en injustice. Entre ces deux extrêmes se place une
» morale vraie, charitable, vraiment chrétienne, sagement po-
» litique, attempérée à l'imperfection de notre nature, aux
» besoins de la société, plus touchée des résultats généraux
» que frappée de quelques inconvénients particuliers ; une
» morale pratique qui, sans jamais approuver le mal, ouvre la
» porte au repentir, et qui fait pardonner les fautes en faveur
» des réparations. Cette morale est celle des législateurs dont
» l'esprit est assez élevé pour embrasser toutes les situations ;
» ils ont vu dans l'adoption une institution réparatrice, moins
» parfaite sans doute que la légitimation, mais qui méritait
» d'être encouragée *. »

Est-il donc bien difficile de démontrer le peu de fondement
de ces considérations ?

M. Dupin ne veut dans la morale ni relâchement ni rigorisme outré ; ce qu'il veut, c'est entre les deux, une morale
vraie, charitable, humaine, vraiment chrétienne, sagement
politique, etc. Mais peut-on admettre toutes ces distinctions
sans tomber dans le plus grand de tous les arbitraires? Peut-
on d'ailleurs sérieusement reconnaître l'exactitude des applica-

* Réquisitoire du **28** avril **1841**. *Moniteur* du 8 mai.

tions que M. le procureur général en a faites à l'espèce?

Comment! vous qualifiez de rigorisme outré une doctrine qui ne veut autre chose que préserver de toute atteinte la base fondamentale de l'ordre social, le mariage! Vous vous refusez à voir du relâchement dans celle qui, selon les expressions précitées de l'empereur Justin, favorise ouvertement le libertinage! vous appelez *vraiment chrétienne* une théorie qui produit ce dernier résultat, qui n'a pu surgir un instant chez les Romains qu'à la faveur des invasions de l'hérésie, et qui a disparu immédiatement après le retour du catholicisme! vous la déclarez *humanitaire*, quand elle brise précisément le ressort le plus puissant de l'adoption, qui a été d'organiser parmi les hommes la bienfaisance et la charité! Vous la jugez sagement *politique*, quand elle n'est que la consécration légale d'un ordre de choses que la débauche révolutionnaire avait seule pu faire tolérer, en l'absence de toute organisation de l'adoption! Vous appelez cette morale sagement *attempérée à l'imperfection de la nature humaine!* mais non, dites qu'elle est une morale favorable à la licence, aux passions mauvaises de l'homme, à ses plus funestes égarements!

Vous ne voyez donc pas que l'adoption n'est dans l'espèce qu'une déception, qu'un jeu, qu'une fraude commise au détriment des lois les plus salutaires?

Suivez-moi un instant.

Quel peut être sérieusement, raisonnablement le but du père qui adopte son fils naturel? Est-ce de se l'attacher par un lien légal? ce lien existe par le fait seul de la reconnaissance. De lui transmettre son nom? l'enfant a déjà le droit de le porter. De goûter les douceurs de la paternité? la nature les lui a procurées. D'acquérir sur l'adopté droit de puissance? l'adoption ne peut avoir lieu qu'à la majorité de l'adopté. D'assurer son sort? la loi y a déjà pourvu. Il n'a donc plus qu'un seul but probable, celui de transmettre à l'enfant tous ses biens. Mais c'est précisément ce que les lois ne veulent pas; et les lois s'en sont expliquées à plusieurs reprises de la manière la plus positive, afin de faire bien comprendre que l'incapacité des enfants naturels était un point capital dans l'organisation de la famille moderne (art. 338, 756, 757, 908).

La doctrine qui admet la validité de l'adoption consacre donc une fraude manifeste à des lois essentiellement prohitives.

Vous n'avez qu'un but, c'est de faire de votre enfant votre héritier légitime, et précisément la loi vous dit qu'il ne peut être votre héritier (art. 656).

L'adoption n'est donc qu'un *prétexte*, comme le disait l'empereur Justin dans sa constitution que nous avons précédemment citée.

Une doctrine qui légitime des prétextes de ce genre pour couvrir la fraude la plus manifeste, ne peut être une doctrine en harmonie avec une *morale vraie*, avec une *morale pratique*.

Si le père employait des moyens vulgaires de simulation pour soustraire son fils naturel aux lois prohitives sur la transmission des biens, s'il avait recours à des libéralités déguisées sous la forme d'un contrat à titre onéreux, ou à une interposition de personnes, vous n'approuveriez pas sans doute cette fraude; vous ne la trouveriez pas d'accord avec une *morale vraie et pratique* ; vous blâmeriez sévèrement le magistrat qui ne déjouerait pas cette simulation en faisant respecter le texte des lois (art. 911). Et parce que le père a eu recours à l'adoption pour mieux parvenir à ses fins, parce qu'il aura choisi un moyen plus radical, vous respecterez son œuvre ! vous lui accorderez un bill d'indemnité, parce qu'il a profané, corrompu, contaminé, par la fraude dont il l'a entachée, l'adoption, institution sainte, destinée à conférer le sacerdoce de la paternité !

En agissant ainsi, vous agiriez non-seulement contre les lois de la morale, mais vous méconnaîtriez tous les enseignements que les auteurs du droit romain nous ont transmis et qui ont toujours été si profitables pour nous.

Eux aussi abusèrent de l'adoption. Quelle est l'institution dont les hommes n'abusent point ?

Plus d'une fois ils firent servir l'adoption d'instrument à l'ambition. Ainsi Clodius, patricien, se fit adopter par le plébéien Fontéius, dans l'unique but de pouvoir aspirer à la charge de tribun des plébéiens.

Cicéron attaqua vivement cette adoption, et il obtint qu'elle fût annulée. En posant, dans le plaidoyer si remarquable qu'il prononça à cette occasion *, les vrais principes de la matière, il disait que, pour apprécier le mérite de l'adoption, il fallait par-dessus tout rechercher si elle était sincère ou non, *illud imprimis exquirendum, ne qua calumnia, ne qua fraus, ne quis dolus adhibeatur, ut adoptio quam maxime veritatem suscipiendorum liberorum imitata esse videatur.*

A une époque peu éloignée, on vit un grand nombre de citoyens n'adopter que dans l'objet de pouvoir participer aux faveurs que la loi Pappia accordait à ceux qui avaient un nombre determiné d'enfants, ou pour prétendre à certaines hérédités.

C'était là, comme le dit Tacite, un usage des plus déplorables, *pravissimus mos* **. Le sénat en fut ému, et il rendit un séna-

* *Pro domo suâ,* § XIII.
** Annales, livre xv, § 19.

tus-consulte par lequel il fut décidé que les adoptions simulées ne produiraient à l'avenir aucun des effets prémentionnés. *Factum est ex eo senatus-consultum, ne simulata adoptio in ullâ parte muneris publici juvaret, et ne usurpandis quidem hœreditatibus prodesset.* C'est encore Tacite qui parle *.

Ce dernier chef du senatus-consulte est remarquable, car il avait précisément pour but d'empêcher que l'adoption procurât l'usurpation d'une hérédité. Or, c'est bien là précisément notre cas, sauf qu'il s'agit ici non de l'adoptant, mais de l'adopté, qui voudrait, à la faveur de l'adoption, usurper une qualité d'héritier que la loi lui refuse (756).

Le jurisconsulte Paul écrivait, de son côté, dans un de ses fragments : *adoptivis liberis*, SI NON FRAUDIS CAUSA FACTA EST ADOPTIO, *non minus quam naturalibus concessum est ***.

Pourquoi donc ne procéderions-nous pas comme les Romains, quand leurs théories sont si sages ? Quel que soit le but du prétexte, quel que soit l'objet de cette simulation, le droit romain est toujours le même, toujours inexorable. Il proscrit les adoptions simulées, qui ont pour but de servir d'instrument à l'ambition, à la cupidité, aux passions politiques, comme celles qui n'ont pour résultat que d'intervertir et de fausser l'ordre de la dévolution de succession, comme celles qui ne tendraient qu'à soustraire à un créancier imminent une chose qui est à la veille de lui appartenir ; et ce droit n'a jamais varié. Rome païenne a flétri comme Rome chrétienne les adoptions qui n'étaient qu'une simulation, qu'un prétexte. Le sénat a sanctionné les idées de Cicéron ; Paul adoptait à son tour les idées

* Annales, livre xv, § 19.
** Frag. 4, *De bon. damnat.*, § 2.

du sénat ; l'empereur Justin a confirmé les doctrines de ses devanciers.

L'adoption frauduleuse, faite pour violer les lois de la cité, était donc à leurs yeux comme non avenue, et pourtant l'adoption des pères de famille ou des fils de famille, c'est-à-dire l'adrogation ou l'adoption proprement dite, était entourée de plus de solennités que l'adoption française. Pour l'adrogation, l'autorité des comices et l'intervention des pontifes ; pour l'adoption, les formalités de la mancipation et de la *cessio in jure* *. Quant aux effets, l'adopté sortait de sa famille naturelle, tandis que chez nous il n'en est pas ainsi.

Cujas résuma, dans le seizième siècle, toutes les doctrines romaines en disant que la fraude ne pouvait pas être admise sous prétexte d'adoption : *fraus commento adoptionis admitti non potest* **.

Le nouveau législateur s'est positivement associé à ces principes.

En parcourant les discours de l'orateur du gouvernement et des organes de la Section de législation du Tribunat et du Tribunat lui-même, on voit que tous les abus que nous venons de signaler ont été mentionnés, et qu'il est dans l'intention de la loi nouvelle de les proscrire. Le tribun Gary notamment reproduit le texte du sénatus-consulte dont parle Tacite, et fait remarquer qu'aucun des motifs qui avaient porté les Romains à faire abus de l'adoption ne peut se représenter chez nous, l'adoption ne pouvant avoir d'autre objet que *de servir de consolation à ceux qui n'ont pas d'enfants* ***. D'après le témoignage

---

* Gaius, comm. 1, § 99.—Aulu-Gelle, N. A.,19. Just. Inst., *De adopt.*
** Tome IV, page 856.
*** Fenet, t. X, page 458.

positif de l'orateur du Tribunat, la fraude ne peut donc pas avoir lieu, et si elle avait lieu, elle doit être nécessairement réprimée.

Dans la légitimation par mariage subséquent, la fraude ne peut jamais être présumée, par cette raison que les époux n'ont pas voulu s'imposer les charges du mariage dans l'intérêt exclusif des enfants. Ces charges sont une garantie suffisante de la sincérité de leurs intentions ; mais dans l'adoption de l'enfant naturel, qui, comme on l'a vu, n'ajoute rien aux droits et devoirs antérieurs de l'adoptant et de l'adopté, les présomptions ou plutôt la certitude de la fraude conservent toute leur autorité.

Vous tombez, nous dit M. Dupin, dans une pétition de principe, dans une confusion d'idées manifeste *. Quand l'adopté succède à son père, ce n'est plus en sa qualité d'enfant naturel, mais uniquement en sa qualité d'enfant adoptif. Cette seconde qualité a remplacé la première : les lois prohibitives ne sont donc pas violées. Il ne s'agit pas d'une question de succession, mais de capacité ; il s'agit d'un changement d'état.

Oui, sans contredit, il y aurait pétition de principe et confusion d'idées si nous admettions l'existence légale de la qualité d'enfant adoptif, si nous ne l'attaquions pas jusque dans son principe. Mais nous disons précisément que l'adoption n'a eu rien de réel, de sérieux, de sincère ; nous disons qu'elle n'a d'adoption que le nom, qu'elle n'est qu'un prétexte (*simulata adoptio*), qu'une institution d'héritier déguisée sous la forme d'un contrat d'adoption ; nous disons qu'elle est essentiellement frauduleuse, puisqu'elle amène dans ses conséquences directes, d'après le système opposé, la violation des lois prohibitives, et qu'elle ne peut avoir d'autre but que cette violation. Il y a donc *consilium et eventus fraudis*, fraude préméditée et fraude

* Réquisitoire du **28** avril **1841**.

réalisée. Le contrat d'adoption est donc vicié jusque dans sa racine. Il n'y a donc pas pétition de principe ; car nous soutenons et nous prouvons qu'il n'y a pas, légalement parlant, d'enfant adoptif.

S'il y a pétition de principe dans l'espèce, il y en aura dans toutes les actions intentées pour cause de fraude et de simulation ; car ces actions supposent toujours qu'il y a debout un acte, un contrat qu'il faut renverser, une convention qui confère des droits nouveaux, des qualités nouvelles, qui a toute l'apparence extérieure de la légalité, et qui produira tous ses effets si le juge ne déclare pas qu'elle n'a jamais eu d'existence légale.

Il n'y aura de *changement d'état*, en admettant ces expressions de M. Dupin, sans pourtant en approuver l'exactitude, qu'en tant que l'adoption sera sincère ; il faut donc toujours, avant tout, examiner si elle existe légalement.

La qualité d'enfant naturel est préexistante à la qualité d'enfant adoptif ; j'ai donc droit d'argumenter de la première pour en conclure que la seconde n'a été conferée que pour éluder celle qui la précédait.

Il importe d'ailleurs de remarquer que, d'après les principes du droit romain, dont la sagesse se révèle sous des points de vue toujours nouveaux, il n'était pas nécessaire que la fraude fût *démontrée* pour que l'adoption ne produisît pas les effets qu'on en attendait ; il suffisait que cette fraude pût être raisonnablement *soupçonnée.*

C'est ce que Cicéron faisait entendre quand il disait dans son plaidoyer prémentionné : *Ne qua in adoptione* CALUMNIA, *ne qua fraus, ne quis dolus adhibeatur.*

En d'autres termes, il fallait qu'il en fût de l'adoption comme de la femme de César, qu'elle ne pût pas être soupçonnée.

Aussi le jurisconsulte Papinien, examinant si l'adoption pouvait affranchir l'adopté des obligations auxquelles il était tenu envers sa patrie naturelle, répondait : *Jus originis in honoribus obeundis ac muneribus suscipiendis adoptione non mutatur, sed novis quoque muneribus filius adstringitur* *.

L'adopté restait donc soumis aux charges que lui imposait sa filiation naturelle, et se soumettait par l'adoption à des charges nouvelles. Pourquoi en était-il ainsi ? Cujas nous l'explique : *Ratio hæc est ; nam si dicamus patriam patris naturalis amitti per adoptionem, per hanc causam in fraudem quisque se dabit in adoptionem, ut se subtrahat muneribus patriæ suæ originariæ. Fraude debet carere adoptio.*

Et il citait à l'appui les divers textes que l'on connaît déjà. Puis il ajoutait, notez-le bien : *Et huic adoptioni, aut* OMNI *adoptioni videtur inesse fraus aut suspicio fraudis justa, ut mutet quis familiam suam, ne patriæ suæ naturalis muneribus fungatur* **. Ainsi, dans un grand nombre de cas, l'adoption pouvait être sincère ; mais comme il était possible qu'elle ne le fût pas, qu'elle eût lieu pour affranchir l'adopté des charges auxquelles il était tenu par sa naissance, il restait toujours soumis aux mêmes charges.

Lorsque Papinien écrivait encore dans une de ses réponses : *Fideicommissum a filiis relictum, si quis ex iis sine liberis diem suum obierit, adoptionis commento non excluditur* ***, il ne faisait que justifier les mêmes idées.

Cujas dit en effet sur cette réponse :

« Sententia hæc est ; conditionem si sine liberis decesserit, de liberis naturalibus intelligi, non de adoptivis, *alioquin nullum*

* Frag. 15, § ult., *ad municip. et de incol.*
** Tom. IV, p. 856.
*** Frag. LXXVI, *De cond. et demonstrat.*

non fideicommissum sub eâ conditione eluderetur et exclude-
retur commento adoptionis *. »—* Il faut donc bien se pénétrer de cette vérité, que Cujas ne parle jamais de fraude prouvée ou démontrée; il se sert toujours de ces mots *suspicio frau-*
dis. Il ne faut pas que la fraude soit possible, que la fraude
puisse être consacrée sous le prétexte d'adoption, *ne commento*
adoptionis fraus admittatur.

On lit dans son explication du fragment précité de Papinien ** : *Unde dubitatur cum* FRAUDIS SUSPICIO *faciat ut*
qui se dat in adoptionem, non ideo minus sequatur origi-
nem patriæ suæ naturalis, an nepos ex filio adoptivo natus,
etc. , etc. Puis : *Quia scilicet nulla potest intervenire* SUS-
PICIO FRAUDIS *in votorum festinatione, in nuptiis contra-*
hendis, etc.

Ces mots SUSPICIO FRAUDIS sont donc les termes consacrés.

Et ce langage est d'autant plus remarquable que Cujas n'a-
vait pas manqué, en expliquant les conditions nécessaires pour
faire annuler pour cause de fraude les actes ordinaires, d'exprimer qu'il fallait établir deux choses : *consilium et eventus*
fraudis ***.

Le texte du juriconsulte Paul, relatif aux adoptions faites par
celui qui avait le pressentiment d'être placé sous le poids d'une
accusation, concorde avec tous ces principes.

Résumons donc ces principes en disant qu'il y a suspicion
légitime de fraude (*suspicio fraudis justa*) toutes les fois que
l'adoption pourrait avoir pour objet d'affranchir l'adoptant ou
l'adopté d'une charge quelconque, de le relever d'une incapa-

* Tom. IV.

** Frag. 17, *ad municip. et de incol.*

*** Tome 8, 801 et 864.

cité, de l'affranchir du joug de lois impératives ou prohibitives. Dès que l'adoption doit avoir ce résultat, elle est, par ce fait seul, frappée d'impuissance. *Fraus* EX RE IPSA *colligitur.*

Dans notre espèce, si on ne veut pas admettre qu'il y a certitude de l'intention bien arrêtée de l'adoptant et de l'adopté de violer les lois limitatives de la capacité de l'adopté, il y a du moins possibilité que l'adoptant et l'adopté se soient proposé ce but, ou plutôt il n'est pas impossible qu'ils se le soient proposé; il n'est pas impossible qu'en validant l'adoption le juge coure la chance de consacrer une fraude, que la fraude se soit glissée sous le voile de l'adoption; et nous sommes dès lors autorisés à dire, en appropriant à l'adoption de l'enfant naturel le langage de Cujas et le sénatus-consulte dont parle Tacite : *Huic adoptioni videtur inesse fraus, aut suspicio fraudis justa, ne filius naturalis adoptetur ad hœreditatem patris usurpandam.* On ne peut pas dire avec Cicéron : CALUMNIA *non adhibetur....* Et par suite l'incapacité relative dont l'enfant était frappé en qualité d'enfant naturel n'a pu être levée par une adoption sur la sincérité de laquelle plane une si grave suspicion de fraude. L'adoption est sans autorité par ce fait seul qu'elle se rencontre en présence de l'incapacité de l'adopté.

N'oublions jamais que l'adoption est une imitation de la nature, et qu'il faut, d'après Cicéron, que les enfants nés de la fiction soient, autant que possible, aussi sincères, aussi vrais, aussi purs de tout soupçon de fraude que ceux que nous devons à la nature, *ut adoptio quam maxime veritatem suscipiendorum liberorum imitata esse videatur.* Voilà pourquoi on s'écarte des règles ordinaires, voilà pourquoi la seule *possibilité* de la fraude suffit.

C'est d'ailleurs une règle générale que les fictions doivent être pures de tout dol. *Fictiones non vituperandæ, quæ dolo carent**.

On peut remarquer que dans notre droit comme dans le droit romain les enfants adoptifs ne comptent pas pour faire révoquer une donation entre vifs (art. 960). — Cela s'explique par cette raison qu'il eût été trop facile de se créer des droits nouveaux au moyen d'adoptions simulées. La même raison n'est pas étrangère au principe qui, dans les deux législations, ne veulent pas que les enfants adoptifs puissent faire nombre pour excuser les pères de la tutelle (art. 436).

Il y a donc dans tout le corps du droit un système complet à cet égard.

Dans les deux législations on est parti de ce principe éminemment philosophique, dicté par l'expérience elle-même, que si, à la faveur d'un contrat d'adoption, les citoyens pouvaient espérer de porter atteinte à des droits acquis, de s'affranchir des charges dont ils sont tenus, ou de se faire tenir quittes des incapacités dont ils sont frappés, les plus graves intérêts seraient constamment compromis, et le règne des lois impossible.

Qu'on réfléchisse bien sur la sagesse de ce principe, sur l'influence qu'elle doit avoir dans l'espèce, et on ne pourra s'empêcher de reconnaître qu'il tranche la question de l'adoption des enfants naturels.

M. Dupin ne veut pas qu'on parle de fraude en matière d'adoption. L'adoption est un *acte légitime*, dit-il, et qui ne *peut pas être confondu* avec des actes faits *en fraude des lois...* Mais où est donc l'exception qui met cet acte à l'abri des soupçons de fraude et des actions ordinaires contre la fraude ? Elle est un acte légitime... J'en conviens : mais à Rome n'offrait-

* Hauteserre, *De Fictionibus juris.*

elle pas le même caractère ? n'était-elle pas encore plus solennelle que chez nous ? Pourtant vous avez vu que le simple soupçon de fraude suffisait pour neutraliser tous ses effets.

N'avons-nous pas autant d'intérêt que les Romains à maintenir la pureté de l'institution ?

Mais, ajoute M. Dupin, le but principal de l'adoption n'est pas de transmettre des biens à l'adopté ; il s'agit de changer son état, de le faire passer d'un état flétri à un état honorable ; et cela est inappréciable ; le droit de succession n'est qu'un accessoire de l'adoption : il ne peut être comparé avec le principal.

L'adoption est un changement d'état, entendons-nous sur ce mot ; je suis d'accord avec vous si vous voulez dire par là qu'elle confère des droits nouveaux à l'adopté par rapport l'adoptant ; mais si vous voulez dire que la fiction efface et purge le vice de la naissance de l'adopté, et détruit sa qualité d'enfant naturel, nous ne sommes plus d'accord.

Vous ne voulez pas sans doute confondre la légitimation avec l'adoption.

La première est un véritable changement d'état, parce qu'elle purge le vice de la naissance de l'enfant naturel ; et, en détruisant cette qualité, elle le fait considérer comme ayant été toujours légitime. — Mais il n'en est plus de même pour l'adoption ; elle se borne à créer des rapports fictifs entre l'adoptant et l'adopté, sans modifier l'état de l'adopté dans sa famille naturelle. C'est là un principe fondamental de l'adoption française, écrit dans l'article 348 du Code civil.

La légitimation par mariage subséquent est le baptême qui efface le vice originel de l'enfant ; mais l'adoption ne produit pas le même effet : les liens nouveaux qu'elle forme ne détruisent pas la nature des liens que la nature a formés ; elle est comme un vêtement peu discret qui laisse apercevoir visiblement la défectuosité de l'origine de celui qui le revêt.

Il ne faut donc pas s'exagérer la portée de ce que vous appelez changement d'état.

Je ne veux pas dire, sans doute, que tout soit question d'argent dans l'adoption, que par-dessus l'intérêt pécuniaire qu'en retire l'adopté il n'y ait des intérêts moraux d'un grand prix. — Mais, sans médire des actes humains et de leur motif principal, croyez-vous bien sincèrement que l'idée de transmettre à l'adopté la fortune de l'adoptant n'entre pas pour la plus grande partie dans la question de l'adoption? Consultez les traditions de l'histoire, et vous reconnaîtrez qu'à Rome et à Athènes l'adoption n'était le plus souvent pour l'adoptant qu'un moyen de disposer de ses biens.

La fraude, qu'on ne peut éviter, joue donc un rôle capital, sinon exclusif, dans l'adoption; et dès lors, comme il ne faut pas qu'elle soit démontrée (bien que la démonstration n'en soit pas difficile), comme il suffit qu'elle soit possible, l'adoption ne peut pas être validée, ou, si elle est validée, elle ne peut produire aucun effet quant à la transmission des biens.

Ainsi, non-seulement elle est immorale, mais en l'examinant de ce côté, nous avons rencontré une cause nouvelle de son illégalité aux yeux du droit civil lui-même.

Quand on creuse dans la morale, on rencontre toujours du droit et réciproquement; *jus est ars æqui et boni.*

Ce n'est pas tout. Avant d'admettre l'adoption, les tribunaux doivent, d'après l'article 355 du Code civil, vérifier, entre autres choses, si la personne qui se propose d'adopter jouit d'une bonne réputation, c'est-à-dire constater sa moralité. Eh bien! je le demande, n'y a-t-il pas preuve acquise de peu de moralité de la part de celui qui, en adoptant, va soustraire l'enfant aux incapacités relatives dont il est frappé? La fraude envers les lois n'est-elle pas aussi odieuse que la fraude envers les particuliers?

Dans ce cas, il n'y a pas de prétexte à opposer une pétition de principe. — Le contrat d'adoption est soumis pour la première fois aux tribunaux appelés à examiner s'il y a lieu ou s'il n'y a pas lieu à l'homologuer; la personne qui se propose d'adopter et celle qui veut être adoptée sont encore sur le seuil de la fraude. Les tribunaux, en présence de cette fraude imminente, en présence des lois limitatives de la capacité de l'enfant naturel qui vont être nécessairement violées, puisqu'on veut que l'adopté ait droit à la qualité d'héritier, voudront-ils se constituer les complices de l'exécution du projet qui leur est soumis?

Et s'ils peuvent, dans cette situation, prévenir la fraude dès son principe, pourquoi ne pourraient-ils plus tard en déjouer les résultats?

« L'adoption de l'enfant naturel est, selon M. Dupin, sage-
» ment réparatrice, moins réparatrice sans doute (on veut
» bien nous faire cette concession) que la légitimation par
» mariage subséquent (mais enfin elle offre ce caractère); sans
» approuver le mal, elle ouvre la porte au repentir. »

Pour moi, j'avoue que je n'ai jamais su trouver dans cette adoption une réparation de la part du père, que je n'y découvre aucun gage de repentir; et je ne vois dans la conduite de ce père qu'une série de fautes aggravées l'une par l'autre.

Il y a eu faute d'abord, ou lésion première des lois de la morale, par le fait seul de la génération de l'enfant en dehors des liens du mariage; puis, faute nouvelle par le refus du père de passer outre au mariage et de donner à la société la réparation qu'elle attendait de lui; ces deux premières fautes, il vient encore les aggraver par la violation des lois limitatives de la capacité de l'enfant. Ainsi la violation de ces lois, autorisée et justifiée par des fautes précédentes, voilà tout le système de nos adversaires, voilà la *morale vraie et pratique* sur laquelle il repose!

Encore, si, pour obtenir l'amnistie de tous ses torts, le père avait fait quelques sacrifices à la société, on pourrait croire alors à un repentir de sa part; mais nous avons vu qu'il n'en a fait aucun.

Il veut paralyser les effets du vice de l'origine de son enfant, pour avoir en lui un héritier légitime, nous le savons bien; mais il n'y a pas dans ce fait seul réparation à la société. La société ne peut se tenir pour satisfaite qu'au moyen d'un acte méritoire de la part du père. Or, qu'a-t-il fait? il prouve qu'il a donné des soins et fourni des secours à son enfant pendant six ans. Le grand mérite pour lui, en vérité, d'avoir rempli une si faible partie de ses devoirs, d'avoir eu des entrailles de père, de n'être pas descendu au-dessous des êtres animés privés de raison!

Quand il s'agit de l'adoption telle que la loi la comprend, la seule que la loi admet, c'est-à-dire de l'adoption d'étranger à étranger, il faut nécessairement un sacrifice; *les services antérieurs* sont la condition essentielle de toute adoption, on le sait; et pourtant l'étranger n'a rien à se reprocher, il n'a aucun tort à expier, aucune offense envers la société à ré-parer. Il ne veut, lui, violer par l'adoption aucune loi prohi-bitive, et pourtant il est traité plus rigoureusement que le père! Pour celui qui respecte les lois, on exige des gages de dévouement à la société; pour celui qui n'a d'autre but que de les violer, il lui suffit d'avoir payé ses dettes! L'adoption n'a plus de conditions pour le père qui prend prétexte de ses premières fautes pour aboutir à une illégalité!

Tout cela, je le demande en conscience à M. le procureu général Dupin, est-il sérieusement 'admissible? Tout cela est-il d'accord avec une morale vraie, pratique, chrétienne, sagement politique, sagement réparatrice, convenablement attempérée aux besoins de la société, offrant plus d'avantages que d'inconvénients?

Ah! sans doute, dans quelques cas isolés, l'adoption d'un enfant naturel paraît offrir quelque couleur d'intérêt particulier; je ne le nie pas. Le père et la mère étaient prêts à le légitimer par leur mariage; l'autel est déjà dressé, les flambeaux de l'hymen n'attendent plus que l'étincelle sacrée; la mort est venue tout à coup enlever un des époux. Pourquoi celui qui survivra ne pourra-t-il pas faire, au moyen de l'adoption, ce qu'il était disposé à faire par le mariage subséquent? — Ou bien le mariage subséquent a eu lieu; mais on a omis de reconnaître un des enfants naturels, qui sera ainsi privé du bénéfice de la légitimation; l'adoption, dans ce cas, est un remède salutaire*.

Ce tableau est séduisant, si on veut; mais je vous le demande, quelle est la doctrine que vous ne consacrerez pas à l'aide de circonstances toutes particulières? Ce n'est pas pour les cas isolés que les lois sont faites; elles sont faites pour les cas généraux, et dans les cas ordinaires il est manifeste que l'adoption de l'enfant naturel contrarie toutes les saines doctrines.

Et même dans le premier cas particulier dont nous avons parlé, la faveur qui semble s'attacher à l'adoption n'est-elle pas balancée par des intérêts tout contraires? Ne faut-il pas toujours se pénétrer de cette pensée qu'il y a eu faute, lésion

* M. Dupin, Réquisitoire du **28** avril **1841**.

des lois de la morale par le fait seul de l'existence des liaisons criminelles, faute aggravée par la persévérance de ceux qui ont voulu retarder jusqu'au dernier moment la réparation qu'ils devaient à la société par la célébration de leur mariage ? Quant au second cas, il sera, on en convient, on ne peut plus rare. Mais d'ailleurs que prouveront ces espèces particulières ? Que ceux qui ont vécu dans des liaisons condamnables ne peuvent pas toujours, malgré leur bonne volonté, faire en faveur des enfants nés de ces liaisons tout ce qu'ils voudraient. A qui faut-il s'en plaindre ? Tous les jurisconsultes nous répondent avec Bartole : *Danti operam rei illicitæ imputantur omnia quæ sequuntur præter voluntatem suam.*

Dans la légitimation par mariage subséquent une réparation existe ; elle peut être tardive sans doute, mais du moins elle existe. Dans notre espèce, au contraire, elle n'a pas eu lieu. — La comparaison n'est donc pas possible.

L'enfant, disent d'autres partisans de la validité de l'adoption, sera donc victime de la faute de ceux qui lui ont donné le jour !

Mais avec des considérations de ce genre, vous supprimerez toutes les dispositions limitatives de la capacité des enfants naturels.

Lorsque les hommes des plus mauvais jours de la révolution voulurent porter la cognée aux racines de l'arbre majestueux et vénéré de la famille antique, ils se couvrirent du masque de l'intérêt que leur inspirait le sort des enfants naturels ; ils affectèrent une philanthropie hypocrite. Au nom d'une équité trompeuse, ils introduisirent, plutôt par la violence que par le droit, une égalité anti-sociale et tyrannique ; le lendemain l'arbre était abattu, la famille renversée, le sol couvert de ruines !

Puisque nous n'avons pas leurs intentions, n'imitons pas leurs exemples.

On ne peut contester sérieusement l'exactitude de nos principes; surtout lorsqu'on sait que la légitimation par mariage subséquent a été elle-même considérée comme favorable au relâchement des mœurs. Les empereurs Constantin, Zénon, et Justin *, l'avaient ainsi appréciée, puisqu'ils ne l'admirent, comme on l'a vu, que pour le passé, jamais pour l'avenir. Et bien qu'elle fût reçue dans notre ancienne jurisprudence, elle n'avait pas obtenu tous les suffrages, ou du moins on la tenait comme peu favorable. D'Aguesseau disait notamment : « Elle » entretient, fomente, multiplie le concubinage, dans l'espé- » rance de pouvoir un jour donner un état aux enfants**. »

Si l'illustre chancelier s'exprimait ainsi sur la légitimation par mariage subséquent, de quels termes se serait-il servi si on eût songé à introduire de son temps les théories de l'adoption pour les appliquer aux enfants naturels!! Il est peu probable qu'il eût considéré cette adoption comme reposant sur une morale *chrétienne*, *vraie*, *pratique*, sagement *réparatrice*, etc.

En frimaire de l'an **X**, le Conseil d'état voulait autoriser l'adoption des enfants naturels, nous ne le nions pas ; mais que conclure de ses intentions de l'an **X** à celles de l'an **XI** ? Les projets des deux époques se ressemblent-ils en quelque chose ? — Dans le cours d'une année, les esprits n'avaient-ils pas été nécessairement placés sous l'influence du mouvement réparateur qui dans ce court espace de temps avait fait refleurir tant de principes salutaires ?

* Const. 5 et 7, Cod. *De natural. lib.*
** 47ᵉ plaidoyer.

Comment admettre, d'ailleurs, que les membres du Corps législatif ou du Tribunat aient jamais été appelés à prendre connaissance des projets de frimaire et nivôse an X, lorsque ceux-ci avaient été si manifestement novés par ceux de l'an XI?

Le témoignage de M. Locré est on ne peut plus positif à cet égard. — Il atteste que le Premier Consul, à la reprise des travaux préparatoires du Code, sur le titre de l'adoption (27 brumaire an XI), *reconnut que dans les discussions précédentes il était possible que l'esprit d'analyse l'eût mené trop loin; que son intention était de condamner à l'oubli cette partie des procès-verbaux antérieurs; qu'il lui recommanda de ne pas les faire imprimer;* que si lui, M. Locré, donna des extraits de ces discussions, en 1806, dans son Esprit du Code civil, *ce ne fut pas sans quelque crainte;* que la révélation des discours qu'avait tenus le Premier Consul dans cette phase aurait fait apercevoir aux moins clairvoyants qu'il voulait se donner, par l'adoption, des enfants aussi dévoués que s'il les eût reçus de la nature, et que la fondation d'une dynastie, la tendance à la souveraineté était au bout de ce projet[*]. Aussi, en fait, les procès-verbaux de cette période n'ont été exhumés que longtemps après la publication du Code civil, en 1827; il y a donc mille raisons qui concourent à faire rejeter tout ce qui a été fait en l'an X.

Mais si les procès-verbaux antérieurs au 27 brumaire an XI ont été cachés avec soin, si M. Locré n'osa pas les publier de peur de déplaire au Premier Consul, du moins faut-il admettre que la section de législation du Tribunat en a eu *communication officieuse,* dit M. le procureur général Dupin[**].

[*] Locré, *Législation civile,* 1; *prolégomènes,* 98. — Notice historiques sur l'adoption, VI, 364.

[**] Réquisitoire du 28 avril 1841.

En fait, il est établi que cette communication n'a pas eu lieu.

Quel est, en effet, le projet qui a été communiqué *officieusement* à la section de législation du Tribunat? C'est taxativement le projet arrêté par le Conseil d'état le 18 frimaire an XI. Le procès-verbal est positif à ce sujet : « Le Consul or- » donne que le projet *ci-dessus* (le projet du 18 frimaire » an XI) sera communiqué par le secrétaire général du Con- » seil d'état au président de la section de législation du Tri- » bunat*. » On ne plaça donc sous les yeux de la section du Tribunat aucun des cinq projets antérieurs.

La discussion qui s'éleva dans la section nous prouve évidemment et surabondamment la vérité de cette assertion.

Lisez avec soin cette discussion ** tout entière, et vous y verrez qu'elle se concentre tout à fait dans l'examen du projet du 18 frimaire an XI; vous n'y rencontrerez pas une seule observation, pas un seul mot qui se rattache aux délibérations de l'an X. Et cela est si vrai, que M. Locré constate lui-même dès l'abord que « la rédaction sur laquelle porte cette discus- » sion est celle qui fut adoptée par le Conseil d'état dans la » séance du 18 frimaire an XI ***. » Rien de plus positif.

Et pourquoi d'ailleurs aurait-on donné communication officieuse des délibérations ou des projets antérieurs à l'an XI ?

Avait-on conservé dans les projets de frimaire de l'an XI un seul principe vital admis en l'an X ? les projets des deux époques n'étaient-ils pas tout à fait différents ?

L'adoption, telle qu'elle avait été arrêtée en l'an X, était une

---

* Locré, t. VI, p. 579. — Fenet, t. X, p. 402.

** Locré, t. VI, p, 581 et suiv. — Fenet, t. X, p. 403 et suiv.

*** Tome VI, note de la page 581.

adoption purement politique; elle devait être sanctionnée par le Corps législatif; elle faisait sortir l'adopté de sa famille naturelle; c'était l'adoption radicale; c'était le principe de l'adoption poussé jusque dans ses dernières conséquences; c'était l'adoption telle que la voulait d'abord Napoléon, telle qu'il l'envisageait dans son aptitude à remplir ses idées d'avenir, propre à lui donner un descendant qui continuerait la dynastie qu'il voulait fonder. C'était donc à travers cette adoption que se dessinaient son ambition et ses rêves d'avenir; c'était elle enfin qui avait rencontré tant de difficultés et soulevé tant d'orages, qu'il fallut y renoncer.

L'adoption de frimaire an XI, au contraire, c'est l'adoption purement civile, établie non plus exclusivement sous l'influence d'idées politiques, mais principalement dans un but humanitaire; c'est l'adoption qui ne rencontra plus aucune objection.

La communication officieuse des délibérations de l'an X n'offrait donc plus aucun intérêt.

Et si elle était inutile, elle était essentiellement dangereuse, puisqu'elle plaçait sous les yeux des membres de la section de législation du Tribunat, du Tribunat, dont l'organisation venait d'être modifiée depuis l'an X à cause de son opposition personnelle au Premier Consul *, les monuments officiels propres à mettre en relief aux yeux les moins clairvoyants les projets d'ambition que Napoléon avait tant d'intérêt à voiler, et qu'il tenait tant à voiler, d'après les témoignages réitérés de M. Locré lui-même.

De là donc la preuve certaine que tous les projets de l'an X, toutes les délibérations qui s'y rattachent, ont été voués à un

---

* Locré, *Législation civile*, t. 1, p. 87.

oubli complet et absolu commandé par des motifs de haute politique, et qu'on ne peut en argumenter sous aucun rapport.

Le Tribunat avait sans doute été épuré dans l'intervalle qui s'était écoulé depuis le 12 nivôse an X au 18 frimaire an XI; mais la communication officieuse des projets de l'an X, toujours inutile, n'en restait pas moins imprudente, directement contraire à l'intention qu'avait Napoléon de laisser ignorées des délibérations que M. Locré n'osait publier *sans crainte*, même lorsque l'ambition de Napoléon était déjà réalisée, c'est-à-dire en 1806.

Il est donc assez étrange, on en conviendra, de voir M. Locré attacher une importance décisive aux travaux préparatoires de l'an X, et en déduire une solution tout aussi décisive en faveur de la validité de l'adoption de l'enfant naturel, lorsque dans ses publications on trouve tous les documents authentiques qui amènent à des solutions contraires. Il est assez étrange de le voir scindant le premier ces travaux préparatoires, lorsqu'il donnait à ses lecteurs, en tête de sa *Législation civile*, des conseils fort sages et dans un but tout opposé.

« Il est, disait-il, une seconde manière d'attribuer aux tra- » vaux préparatoires une fausse autorité, c'est de les *morceler* » dans leur ensemble ou dans leurs diverses parties.

» L'étude si nécessaire des travaux préparatoires ne saurait » donc être utile si l'on n'est certain d'en faire un bon usage » dans la pratique, si après avoir pesé leur autorité virtuelle ou » respective, on ne les rapproche, on ne les confère, on ne les » éclaire les uns par les autres, on ne les enchaîne, on n'en » forme un ensemble, un corps, un tout, on ne les dispose sur » un plan méthodique * . »

* Prolégomènes, t. I, p. 67, 68.

Le conseil était fort bon, mais il en fait lui-même dans l'espèce un très-mauvais usage ; il se met en état de contradiction flagrante avec lui-même ; il recommande de ne pas *morceler* les travaux préparatoires, et il ne s'occupe, ici, que des projets de l'an X ; il éclaire la loi par les travaux abrogés, voués d'après lui-même à un oubli complet, et il confisque les travaux préparatoires immédiats, les travaux de l'an XI, qui seuls constituent les vrais travaux préparatoires du titre de l'adoption.

Si notre œuvre, qui est, pour ainsi dire, une œuvre de restitution des travaux préparatoires et des textes du Code, vient à produire ses fruits, le système contraire n'aura plus aucune chance de succès. L'arrêt de la Cour suprême du 16 mars 1843, transporté sur sa véritable base, sera invulnérable et ralliera autour de lui toutes les dissidences. On l'a déjà vivement attaqué *, précisément parce qu'il n'a pris son point d'appui que sur des considérations morales, sur des raisons indirectes ; parce qu'il a présupposé plutôt le système établi qu'il ne l'a établi lui-même. Il a exercé si peu d'influence sur les cours royales, que quinze jours après, c'est-à-dire le 31 du mois de mars, la Cour royale d'Orléans répudiait son autorité et se prononçait pour la validité de l'adoption ** ; et au moment où nous tracions ces lignes, la Cour royale de Toulouse, par arrêt du 24 avril 1843, s'associait à la même résistance ***. Peu de jours après, la conférence du barreau de la Cour royale de Paris se prononçait dans le sens de ces deux cours ****. Don-

---

* Journal *le Droit*, du 31 mars 1843.

** En la cause du sieur Guilhot et de sa fille naturelle.

*** Première chambre civile ; cause du sieur de St-Léonard et de sa fille naturelle.

**** Journal *le Droit*, du 28 avril 1843.

nez pour appui principal à l'arrêt du 16 mars 1843 la règle générale de l'art. 345, ajoutez à cette première raison l'argument
pris de la fraude, et tous les arguments qu'on lui oppose viendront se briser contre le rempart que lui fait cet article !

De nombreux intérêts seront sans doute froissés ; mais quel
est le principe qui peut triompher, après une longue lutte et
de nombreuses décisions judiciaires en sens contraire, sans
ébranler quelques positions ? Les grands intérêts dans cette
cause, les seuls intérêts dont il faut se préoccuper, ce sont ceux
de la famille et de la sainte institution du mariage ; en les proté-
geant, le magistrat fait respecter la loi, il abrite la société contre
des abus funestes, et console la morale publique d'un grand deuil.

Nous avons jusqu'ici prouvé l'illégalité de l'adoption des enfants naturels, en nous plaçant sur le terrain qu'ont choisi nos
adversaires, en démontrant que contrairement à ce qu'affirmait
M. Dupin dans son réquisitoire, et à ce que jugea le même
jour la Cour de cassation, l'invalidité de l'adoption des enfants
naturels résulte virtuellement, et par des conséquences rigoureuses et nécessaires, des conditions de l'adoption.

Mais n'est-ce pas une immense concession que nous avons
faite à nos antagonistes, que de consentir ainsi à leur prouver
qu'il y avait dans le Code des dispositions implicitement mais
positivement prohibitives, et ne pouvons-nous pas aller beaucoup plus loin et leur dire qu'en l'absence même de ces dispositions, l'adoption n'en resterait pas moins illégale ?

Nous allons en quelques pages démontrer l'affirmative.

La position que nous voulons faire aux partisans de la validité de l'adoption est on ne peut plus avantageuse. Nous voulons rayer un instant du Code l'art. 345 et tous les textes du
chapitre de la tutelle officieuse sur lesquels nous avons édifié
notre doctrine ; admettre que l'adoption est permise sans con-

ditions de services antérieurs, telle qu'elle était avant l'innovation des projets du 11 frimaire an XI, ou bien reconnaître que le père qui donne pendant six ans des secours à son fils naturel fait en cela une chose très-méritoire, qu'il a conquis la qualité de père par la fiction, parce qu'il a fait par devoir ce que les animaux eux-mêmes ne manquent pas de faire par instinct, parce qu'il n'a pas étouffé le cri de la nature, et qu'il a rempli vis-à-vis de son enfant naturel des engagements résultant pour lui du fait même de la génération, si bien qu'il aurait été tenu aux mêmes engagements vis-à-vis de son enfant, quand même il eût été adultérin ou incestueux (art. 762, 763, 764, C. civ.).

Ce n'est pas assez ; nous voulons retrancher du titre de l'adoption tous les textes qui présupposent le fondement de la même doctrine, c'est-à-dire 1° l'art. 347, qui dispose que l'adoption conférera le nom de l'adoptant à l'adopté en l'ajoutant au nom de ce dernier ; 2° l'art. 348, qui déclare que l'adopté restera *dans sa famille naturelle*, et qui prohibe le mariage entre l'adoptant, l'adopté, ses descendants.... 3° l'art. 349, qui prescrit que l'obligation naturelle qui continuera d'exister entre l'adopté et ses père et mère de se fournir des aliments dans les cas déterminés par la loi sera considérée comme commune à l'adoptant et à l'adopté ; textes tous homogènes, tous également significatifs, puisqu'ils supposent constamment que l'adopté est étranger à l'adoptant, qu'il ne porte pas le nom de celui-ci, que le mariage n'est pas déjà impossible entre eux, qu'il n'y a pas entre eux obligation préexistante de se fournir des aliments, qu'ils n'appartiennent pas à la même famille. Je veux retrancher aussi les art. 347 et 351, qui mettent encore en présence deux familles bien distinctes, la famille naturelle de l'adopté et la famille de l'adoptant, antagonisme constant dans le titre de l'adoption et nécessairement exclusif de l'adoption proposée; tous ces articles, je veux les biffer d'un trait de plume. Cela ne suffit-il pas ? Est-il encore en dehors du titre spécial de l'adoption, dans tous les autres titres du Code civil, des dispositions qui gênent le système contraire ? Par exemple, dans le titre *De la paternité et de la filiation*, l'art. 338, qui déclare que *l'enfant naturel reconnu ne pourra réclamer les droits d'enfant légitime;* dans le titre *Des successions*, l'art. 356, qui enseigne que *les enfants naturels* ne sont pas héritiers; dans le titre *Des donations et testaments*, l'art. 908, qui dispose que les enfants naturels ne pourront, par donation entre vifs ou par testament, rien recevoir au delà de ce qui leur est accordé, etc., etc,; supprimez tous ces articles, et je n'en suis pas moins fondé à combattre l'adoption des enfants naturels.

Je suis fondé à la combattre, parce qu'alors elle ne sera plus défendue sans doute par des textes directs ou indirects, mais elle ne sera pas du moins autorisée par un texte formel; et il me suffit qu'il y ait absence d'un texte formel qui l'autorise, pour qu'elle soit défendue.

La raison en est que, selon moi, il est, dans notre droit, sinon de l'essence, tout au moins de la *nature* de l'adoption, que l'adopté soit étranger à l'adoptant, ou du moins placé en dehors de la ligne directe et descendante.

Ce système n'a été encore jusqu'ici qu'effleuré; et c'est parce qu'on ne l'a pas approfondi, et surtout parce qu'on ne l'a pas éclairé par les traditions de l'histoire, qu'on n'a point vu qu'il tranchait la question d'une manière décisive.

Nous allons expliquer comment.

M. Dupin a prévu un des côtés de cette argumentation dans son réquisitoire du 28 avril; mais il n'a envisagé qu'un seul côté, et son travail à cet égard est, par cela même, loin de nous paraître complet.

C'est la première des objections qu'il prévoit. Voici comment il s'exprime : « L'adoption, dit-on, d'abord est un moyen fictif
» de suppléer au défaut de la nature ; celui qui a un enfant na-
» turel a connu les douceurs de la paternité ; il n'a donc pas
» besoin d'adoption.

» C'est le *naturam imitatur* des lois romaines ; mais nous avons
» déjà dit que chez nous la fiction n'allait pas si loin. Le père
» naturel a connu, dit-on, les douceurs de la paternité ; peut-
» être est-il plus vrai qu'il n'en a connu que les amertumes. La
» preuve d'ailleurs que le Code civil n'a pas entendu interdire
» l'adoption de l'enfant naturel, c'est que l'art. 343 ne la dé-
» fend qu'à ceux qui ont des enfants ou des descendants légi-
» times. On ne peut pas dire qu'il est de *l'essence* de l'adoption,
» qu'on ne soit pas père naturel. Cette condition, en tant
» qu'inhérente à l'essence même de l'adoption, eût entraîné la
» nullité de ces sortes d'adoption, même sous la législation inter-
» médiaire ; car ce qui est de l'essence des choses n'a pas besoin
» de sanction particulière, et cependant les adoptions ont été
» validées par les quatre arrêts que j'ai déjà cités, et l'objection a
» été réfutée victorieusement par M. Merlin, lors de l'arrêt de
» 1806 *. ».

C'est à l'aide de ces raisons que M. Dupin croit avoir échappé à cette argumentation, qui, si elle est fondée, n'admet pas de réplique, à savoir qu'il est de la *nature* de l'adoption que l'adoptant ne soit pas père naturel de celui qu'il adopte.

M. Dupin fait remarquer que chez nous la fiction imitative de la nature n'allait pas aussi loin qu'à Rome. Mais c'est là une assertion qui n'est pas prouvée, et loin de là, ce principe consacré si nettement dans le discours du tribun Gary a encore

---

* *Moniteur* du 5 mai 1841.

plus d'autorité chez nous que chez les Romains. — Nous verrons en effet qu'il n'est pas soumis aux mêmes exceptions.

Il invoque ensuite l'art. 343 du Code civil, qui dispose que » l'adoption n'est permise qu'aux personnes de l'un ou de » l'autre sexe âgées de plus de cinquante ans, qui n'auront, à » l'époque de l'adoption, ni *enfants*, *ni descendants* LÉGITI- » MES ....» De là M. le procureur général conclut que le père qui a un enfant naturel peut l'adopter.

Mais qui ne voit combien cette conséquence est inexacte ? — Sans doute, il nous est permis de conclure de cet article que l'existence d'un enfant naturel n'est pas un obstacle à l'adoption ; que, malgré l'existence de l'enfant, le père a la capacité *absolue* d'adopter : mais en conclure qu'il a le droit précisément d'adopter cet enfant naturel lui-même, c'est-à-dire de la capacité absolue conclure à la capacité *relative*, lorsque précisément ce sont les rapports de paternité et de filiation qui sont considérés comme l'obstacle, c'est tomber dans une confusion de principes manifeste.

Resteraient d'ailleurs les conditions générales dont parle l'art. 345.

M. Merlin a réfuté ce raisonnement d'une manière si décisive, que nous croirions vraiment oiseux d'insister *.

M. Dupin invoque les quatre arrêts de la Cour de cassation qui ont validé les adoptions faites pendant la révolution ; mais nous ne pouvons nous payer avec ces arrrêts, parce qu'il aurait fallu d'abord établir qu'ils étaient conformes aux principes, et ils l'étaient si peu, que la Cour suprême a fait plus tard retour à d'autres idées, ainsi qu'il résulte d'un arrêt du 23 décembre 1816 **.

---

* Répertoire, v° *Adoption*, § 4.
** Sirey, 1817, — I, 165.

Ces arrêts, rendus pour *amnistier* plutôt que pour consacrer des adoptions faites dans des temps malheureux, placés sous l'influence d'une législation qui n'avait pas organisé l'adoption, n'ont d'ailleurs d'autre base que celle que leur fournit M. Merlin, et c'est aussi à son réquisitoire que M. Dupin nous renvoie.

C'est donc le réquisitoire de M. Merlin qu'il faut consulter.

Or, voici la seule raison qu'il donnait à l'appui de cette proposition ; elle est prise dans le fragment d'Ulpien *, qui dispose, comme on le sait, que le père émancipateur peut faire rentrer sous sa puissance l'émancipé, au moyen de l'adoption. Puis il ajoutait : « Mais si, dans le droit romain, l'adoption pouvait » avoir l'effet de rendre civilement père celui qui l'était déjà » naturellement, pourquoi ne pourrait-elle l'avoir également » parmi nous? Pourquoi ne pourrait-elle pas établir entre l'en- » fant naturel et son père tous les rapports qui résultent d'une » filiation légitime ** ?»

MM. Merlin et Dupin n'invoquent donc qu'une raison à l'appui de leur proposition; cette raison est prise de ce que, chez les Romains, le lien de la nature concourait quelquefois avec le lien fictif formé par l'adoption.

Cela prouve une chose, c'est qu'à Rome il n'était pas de *l'essence* de l'adoption que l'adrogé fût étranger par la nature à l'adrogeant.

Mais cela empêchait-il qu'il fût au moins *de la nature* de l'adoption que l'adrogé fût étranger à l'adrogeant? et ne suffit-il pas que cette condition soit de la *nature* de l'adoption pour que le père ne puisse adopter son enfant naturel?

L'affirmative de cette dernière proposition ne saurait être

* Frag. 12, *De adopt.*
** Répertoire, v° *Adoption*, dernière édition, § 4.

douteuse, par cette raison que ce qui est de la nature des institutions oblige les citoyens, à défaut de dispositions légales
contraires, comme ce qui est de la nature des contrats oblige
les parties, à défaut de stipulations contraires.

Examinons :

Je ferai toutefois remarquer, avant tout, qu'il me serait permis de me saisir précisément, pour démontrer ma thèse, du
texte qu'invoquait M. Merlin, que nous avions alors le regret
de compter dans les rangs de nos adversaires. En effet, par
une coïncidence on ne peut plus remarquable, c'est au sujet
de cette faculté qu'avait le père de replacer par l'adrogation
sous son autorité l'enfant émancipé, que le jurisconsulte Papinien a posé une règle générale * qui suffit pour frapper de
mort le système de l'adoption de l'enfant naturel.

Mais en réservant l'examen de ce fragment pour une autre
partie de notre travail, hâtons-nous de consulter les traditions
historiques sur la nature de l'adoption.

Tout le monde est d'accord sur l'origine de l'adoption, sur
le but qu'on s'est proposé en l'établissant. Il est écrit partout
qu'elle fut inventée pour la consolation de ceux qui étant engagés dans les liens du mariage, ou ayant été mariés, *n'avaient
point d'enfants, ou avaient eu le malheur de les perdre.* Les
célibataires songèrent aussi à suppléer, par une paternité fictive, à la paternité naturelle ; ce fut un abus de l'institution.
Plus tard, lorsque les pères ont voulu s'en servir pour attribuer
à leurs enfants naturels des droits de succession que leur qualité leur refusait, ce n'a plus été seulement un abus, mais une
corruption essentielle de l'institution primitive.

L'origine et le but de l'institution ne sont donc pas contestés ;

* Frag. 23, *De liber. et posthum.*

elle constitue une fiction qui doit suppléer à la réalité ; elle est destinée à créer une filiation fictive là où il n'y a pas de filiation naturelle ; elle institue un enfant là où il n'y en avait pas : elle est le choix d'un enfant que l'on n'avait pas.

Ces idées résultent de la philologie, c'est-à-dire du sens naturel que les Grecs et les Romains ont donné au mot destiné à traduire, à personnifier et à individualiser cette institution.

Les Grecs l'appellent υιοθεσια *, mot complexe composé d'υιος (enfant) et de θεσις qui signifie position, action de poser, de créer, et qui, opposé dans l'usage à φυσις (nature), traduit l'action de poser, de fonder une chose, dans un état où elle n'est pas par sa nature **.

Les Latins l'appellent à leur tour *adoptio*, c'est-à-dire *ad*

---

* Samuel Petit, Lois Attiques, 181. — Théophile, paraphrase grecque des Institutes, *De adopt.* — Vinnius, *ibid.*

** Ducange, glossaire grec. — M. Hamel, savant professeur de littérature grecque, a bien voulu nous fournir, au sujet de cette étymologie, qu'il approuve, la note suivante :

Voici à l'appui de cette assertion deux exemples pris dans un ordre d'idées analogues à l'idée d'adoption. Suidas : Ἀρίστάρχος, Ἀλεξανδρεὺς θέσει, φύσει δὲ Σαμοθράξ, Aristarque, Alexandrin par position (c'est-à-dire par droit de cité par une sorte d'adoption), et par nature (c'est-à-dire par naissance), de Samothrace. *Id.* : Ἀριστοφάνης Ῥόδιος,.... θέσει δὲ Ἀθηναῖος.

Le mot θετός, *adopté*, dont l'emploi, dans ce sens, a dû précéder celui de θέσις, exprime également une position en dehors de l'état naturel. (Herod., 6, 57) : Ἤνῦτις θετὸν παῖδα ποιέεσθαι ἐθέλη, dit : Si quelqu'un veut se faire un fils établi par position (non par nature). Cf. Plat. leg. xi, p. 929, C : θετὸν υἱὸν ποιήσασθαι. Plut. vit. Sol. c. 7 : παῖδα θετὸν ἔσχε, ποιησάμενος τὸν τῆς ἀδελφῆς. Enfin Hesychius traduit θετὸν par εἰσποίητον, οὐ γνήσιον.

OPTIO, option, choix légal d'un enfant que l'on n'a pas par nature, *adoptare, omni voto* OPTARE [*]. Vinnius n'hésite pas à donner la préférence à la définition grecque ; il trouve le mot υιοθεσια plus significatif, *vocabulum significantius* [**].

Nous avons dit qu'en Grèce c'était une question difficile de savoir si l'adoption des enfants naturels (nothi) était permise. Samuel Petit émit des doutes sur ce point ; car, après avoir rapporté l'exemple de Periclès, qui fut autorisé par une loi à adopter l'enfant qu'il avait eu d'Aspasie, il ajouta : *Verum id forte privâ lege Pericli concessum est* [***].

Et, dans ce doute, la force de la définition que les Grecs avaient admise (υιοθεσια) nous semble devoir faire pencher la balance pour la négative.

A Rome que se passe-t-il ?

On le sait, l'adoption est déviée de son institution à quelques égards ; sans rentrer dans l'examen de la question de savoir si le père pouvait adopter son enfant naturel *ex concubinnd suseeptum*, il est certain que le père pouvait replacer par l'adoption sous son autorité l'enfant qu'il avait émancipé.

Ainsi, dans ce cas, le lien de la nature concourt avec le lien du droit créé par l'adoption, la réalité concourt avec la fiction.

Mais, en règle genérale, l'adoption a-t-elle cessé d'être une fiction destinée à suppléer la nature en l'imitant ?

Tous les textes sont d'accord pour établir que l'exception dont nous venons de parler n'a pas détruit la règle générale, résultant de la nature de l'institution et de l'étymologie du mot qui sert à la traduire, *adoptare*.

[*] Ducange, Glossaire latin.
[**] Comm. des Instit., tit. *De adopt., ad princip*.
[***] Lois Attiques, *ibid*.

Ainsi Javolénus écrivait : *Adoptio in his personnis locum habet, in quibus etiam natura potest habere* *. Papinien appelle l'adoption une fiction, *commentum* **. Et dans un de ses fragments, encore plus explicite, et sur lequel nous appelons toute l'attention du lecteur, fragment dans lequel il tempérait les conséquences de l'adoption admise, et l'accommodait, comme on verra bientôt, à nos propres doctrines, il disait : *In omni fere jure sic observari convenit, ut veri patris adoptivus filius nunquam intelligatur, ne imagine naturæ veritas adumbratur* ***. Les empereurs Dioclétien et Maximien écrivent, à la fin du troisième siècle : *Impuberem quem ad vicem naturalis sobolis adrogare desideras*, etc. ****. Enfin Justinien dit à son tour *: Adoptio naturam imitatur* ***** ; et Théophile, interprète d'autant plus sûr d'une codification à laquelle il a pris une part fort large, écrivait sur le titre des Institutes, *De adopt. : Quid est adoptio ? Actus legitimus, naturam imitans, in solatium improlium inventus* ******.

Dans le droit romain, la règle générale est donc que l'adoption imite la nature, que la paternité naturelle ne doit pas, ne peut pas concourir avec la paternité fictive, que la fiction ne peut pas concourir avec la réalité.

Cicéron, qui avait fait de la jurisprudence une étude si consciencieuse, et qui, d'un autre côté, avait dû approfondir le caractère de l'adoption et explorer ses lois avec le plus grand

---

* Frag. 16, *De adopt. et emancip.*

** Frag. 76, *De condit. et demonstrat.*

*** Frag. 23, *De liber. et posth.*

**** Const. 2, *De adopt.*

***** Instit., *De adopt.*, § 4.

****** Edition de Reitz, tome 1er, page 109.

soin, lorsqu'il voulut faire annuler par le collége des Pontifes l'adoption du patricien Clodius, son ennemi mortel, adopté par le plébéin Fonteius, disait, comme on l'a vu, que l'adoption devait se rapprocher le plus possible de l'imitation de la nature : *Ut adoptio filii quam maxime veritatem suscipiendorum liberorum imitata esse videatur.*

Calpurnius Flaccus, écrivain cité par Cujas *, s'écriait en parlant de l'adoption : *Adoptio, sancta res est, quæ beneficium naturæ et juris imitatur.* Sénèque l'appelait *fortunæ remedium* **.

Pline, dans son panégyrique de Trajan, fils adoptif de Nerva, se plaît, en parlant de cette adoption, à opposer les enfants que l'on tient de la nature à ceux qui ne doivent ce titre qu'au choix qu'on en a fait : *Superbum istud et regium, nisi adoptes eum quem constet imperaturum fuisse, etiam si non adoptasses. Fecit hoc Nerva, nihil arbitratus interesse, genueris, an elegeris, si perinde sine judicio adoptantur liberi ac nascuntur; nisi tamen quod æquiore animo ferunt homines quem Princeps parùm feliciter genuit, quam quem male elegit.* *** Puis il ajoutait en parlant de la solennité qui avait présidé à l'adoption du nouvel empereur, faisant une allusion directe aux idées mythologiques dont nous avons précédemment parlé **** : *Itaque non tua in cubiculo, sed in templo, non*

---

* Tome IV, page 1087.

** Controverses, 2.

*** § 7.

**** Ces idées ont été constatées par Diodore de Sicile, IV. — M. Michelet en a fourni la traduction suivante : « Junon, montant sur le lit, » prit Hercule contre son sein et le laissa couler jusqu'à terre à tra-» vers ses vêtements, *imitant la véritable naissance.* » Origine du droit français, vº *Adopt.*

ante genialem torum, sed ante pulvinar Jovis Optimi Maximi adoptio peracta est.

Le poëte Ausone écrivait à son tour dans le quatrième siècle :

Imitatur adoptio prolem
*Quam legisse juvet, quam genuisse velit***.

Il oppose donc, comme l'avait fait Pline, la race que l'on doit au choix (*legere*) à celle que l'on doit à la nature (*gignere*).

Tous les écrivains, tous les hommes qui à des titres divers se sont posés les organes des mœurs et des habitudes de leur pays, les jurisconsultes comme les philosophes, les philosophes comme les orateurs, les orateurs comme les poëtes, sont donc parfaitement d'accord, et reconnaissent que l'adoption n'est qu'un choix d'enfants qui, créés par la fiction, nous tiendront lieu des enfants que d'autres doivent à la nature. Telles sont les traditions du droit romain.

Sous l'ancienne jurisprudence, l'adoption, on le sait, nous reste presque inconnue.

Mais si l'adoption n'était pas reçue chez nos ancêtres dans la pratique de la vie civile, avaient-ils laissé s'altérer du moins les traditions que Rome nous avait léguées ? Pas le moins du monde...

Cujas, recueillant ces traditions, enseignait*** : *Adoptio est civilis et simulata quædam ratio quærendorum liberorum.* Dans une autre occasion il appelle l'enfant adoptif *fictitius filius****.* Ailleurs il ajoutait : *Adoptio naturam imitatur, aut si*

---

* § 8.
** *In Cæsar.*
*** Tome IX, 1310.
**** Tome VI, 1086.

non imitetur, nulla est *. Dans le siècle suivant, Hauteserre, l'une des gloires de l'Université de Toulouse, et un des
premiers jurisconsultes de son temps, avait admis la même définition **; son autorité était d'autant plus grande sur ces matières, qu'il était l'auteur d'un traité très-remarquable sur *les
Fictions* du droit ***. Il disait dans ce traité : *Adoptio est le-
galis* OPTIO *per quam filius quis efficitur qui naturâ non
est.*

Heineccius, qui fut dans le dix-huitième siècle la lumière
des écoles d'outre-Rhin, reproduisait les mêmes idées ; il définissait l'adoption dans ses divers ouvrages, les uns approfondis,
les autres élémentaires : *Actio solemnis quâ in locum filii vel
nepotis adjicitur, is qui naturâ talis non est* ****.

Les auteurs du droit canonique s'approprieront aussi les
théories romaines. Dès le treizième siècle, saint Thomas, qui fut,
pour ainsi dire, le créateur de ce droit, enseigne que l'on ne
peut adopter que celui qui n'est point fils par la nature *****. —
Cette doctrine sera acceptée par les auteurs qui ont écrit après
lui. Belluart l'admet sans difficulté ******. Reiffenstuel a écrit en
son Livre des Décrétales ******* : *Adoptio secundum Dom.
Thomam et communem aliorum doctrinam, est actus legi-*

---

* Tome VI, 1112.

** Institut., *De adopt.*

*** *De Fictionibus juris......* 3. Il n'y a à Toulouse qu'un seul
exemplaire de cet ouvrage. Nous l'avons trouvé à la bibliothèque du
Collége royal.

**** Pandect., pag. 43, *Récitationes in elementa juris civilis,*
v° *Adoptio.* — Antiquit. Rom., *De adopt.*

***** In 4 distinct. 42, *quest.* 2 à 1.

****** Summa S. Thom., *De adopt.*

******* Liv. 12, n°ˢ 31 et suiv.

timus per quem is qui naturâ filius non est in adoptionis filium assumitur.

Ces idées communes du droit civil et du droit canonique sont passées dans tous les *Lexicon juris* des seizième et dix-septième siècles ; l'adoption est toujours définie : *Adoptio*, ELECTIO *in locum filii, ejus qui naturâ filius non est* *.

Tel était l'état des principes universellement reçus à l'époque où le Code civil fut fait. Ses auteurs ont-ils voulu les changer ? Les nombreux fragments du rapport du tribun Gary nous ont déjà prouvé le contraire ; rappelons seulement les paroles sui-vantes : « Il serait contradictoire, disait l'orateur du Tribunat » devant le Corps législatif, le 2 germinal an XI (23 mars » 1805), que l'adoption, qui n'est que l'imitation ou le supplé-» ment de la nature, pût dans aucun cas, figurer à côté de la » nature elle-même. » Il établit d'ailleurs, comme on l'a vu, une antithèse constante « entre l'*image* et la *vérité*, entre la » *fiction* et la *réalité*, entre le père qui est avoué par la *nature* » *et par la loi* et celui qui ne doit ce titre qu'à la LOI SEULE, » entre l'enfant du *sang* et l'enfant du *choix*. » Il termine son rapport en faisant remarquer « qu'il a prouvé que le projet de » loi tout entier n'avait pour but de considérer l'adoption que » comme un *supplément* de la nature **. »

Les doctrines enracinées depuis si longtemps dans la juris-prudence et dans les mœurs ont donc conservé chez nous toute leur autorité.

Pour mettre en relief toutes les conséquences qui découlent de ces notions historiques, il suffit de les faire précéder de quelques précisions.

* On en trouve la collection presque complète à la Bibliothèque du clergé.

** Fenet, t. X, page 468.

1° On ne peut adopter quelqu'un à titre d'enfant naturel, mais seulement pour lui conférer, par la fiction, certains droits attachés à la qualité d'enfant légitime.

2° Dans l'état d'un enfant légitime, il faut distinguer avec soin deux choses : la filiation et la légitimité. La nature ne donne que la filiation ; la loi seule confère par son baptême la légitimité devant les hommes, comme le baptême religieux confère seul la légitimité devant Dieu.

3° L'adoption est, comme on l'a vu d'après tous les monuments de la civilisation grecque et romaine dont l'esprit a été maintenu par les auteurs de notre codification moderne (témoins les discours de MM. Berlier et Gary), une fiction légale imitant la nature : *Legitimus actus naturam imitans*, disent les Romains ; νομίμη πρᾶξις μιμουμένη τὴν Φύσιν, disent les Grecs *.

4° Il est deux règles certaines en matière de fictions : la Première, c'est que toute fiction est l'œuvre de la loi, et ne peut jamais être l'œuvre de l'homme : *fictio inducitur à lege, non ab homine*, ou bien *legi data est potestas fingendi, non homini;* à la différence de la présomption, qui est tantôt l'œuvre de la loi, tantôt l'œuvre de l'homme. La seconde, c'est que la fiction est contraire à la vérité : *fingit quod non est, esse, aut quod est, non esse;* mais qu'elle ne peut jamais être contraire à la nature : *fictio inducitur contra rei veritatem, sed non contra naturam* **.

Cela posé, la solution ne saurait être bien difficile, et son exactitude devient palpable.

* Théophile, *Instit.*

** Hauteserre donne à ces deux règles tous les développements désirables dans son Traité particulier *De Fictionibus juris*.

L'adoption doit, en effet, créer par une seule et même opé-
ration, par un acte nécessairement indivisible, qu'on ne peut
pas scinder, un enfant qui aura, par rapport à la succession
de l'adoptant, les mêmes droits qu'il aurait eus s'il était né en
mariage. (Art. 350.)

Elle crée l'enfant par la fiction imitative de la nature, et
l'enfant créé par la fiction sera, à certains égards, considéré
comme légitime, parce que la fiction est l'œuvre de la loi. Dis-
tinguons nettement ce qu'on a jusqu'ici confondu, l'œuvre de
la fiction et l'œuvre de la loi. L'œuvre de la fiction consiste
seulement à créer l'enfant, à faire fictivement ce que la nature
fait physiquement ; l'œuvre de la loi, c'est-à-dire la conséquence de la légalité de la fiction, de la consécration de la
fiction par la loi, c'est que l'enfant fictif aura certains droits
qui sont le privilége de la légitimité.

Vous montrez-vous fidèles à ces idées, pourtant bien simples,
quand vous adoptez votre enfant naturel ?

Vous devez *imiter la nature*, c'est-à-dire faire dans l'ordre
des abstractions ce que la nature fait dans l'ordre de la réalité.
Vous devez donc créer d'abord l'enfant; car la nature ne crée
que l'enfant et ne peut rien pour sa légitimité. Et tout au contraire, par votre procédé vous ne créez pas l'enfant, il existe
déjà; vous ne faites que lui attribuer une nouvelle qualité, que
lui conférer, par rapport à l'adoptant, des droits qu'il n'avait
pas. Vous n'imitez donc pas la nature, car la nature vous
donne l'enfant, la chair et le sang, et rien de plus. Vous, au
contraire, vous donnez la qualité nouvelle, mais la qualité
seule, sans créer l'enfant; vous faites donc tout exactement
l'inverse de la nature, au lieu de l'imiter.

Vous scindez la fiction. Elle devait vous donner, par un
acte indivisible, l'enfant doté de certains priviléges attachés à

la légitimité ; vous n'en prenez que ce qu'il vous faut pour attribuer ces priviléges. Mais en scindant la fiction, vous la détruisez ; vous n'avez plus de fiction, car la fiction n'a pu exister qu'à la condition qu'elle serait *imitative de la nature*, qu'elle produirait la filiation, qu'elle jouerait le rôle de mère, qu'elle serait dans l'ordre de la famille ce que l'invention ou la création est à l'éloquence, à la peinture, à la poésie. — Mais une fiction quand on a pour soi la réalité ! cela n'est pas possible. Oui, il y a fiction quand on admet, contrairement à la vérité, que celui qui n'est pas l'enfant par la nature l'est devenu par le choix ; mais feindre qu'un enfant naturel a conquis certains droits attachés à la légitimité, et cela par le seul effet du concours des volontés du père et de l'enfant homologuées par les tribunaux, cela répugne à toutes les idées reçues ! !

On conçoit la fiction de la légitimation par mariage subséquent ; car ici il y a un fait, la célébration du mariage, et la loi, dans sa bienfaisance, a pu, en prenant pied de ce fait, admettre que l'enfant né en vérité en dehors du mariage a été conçu de ce mariage : elle a pu faire redescendre l'époque de la conception de l'enfant à l'époque du mariage, bien qu'en vérité cette conception soit antérieure. Mais dans l'adoption telle que vous la voulez, vous n'avez aucun fait sur lequel la fiction puisse reposer ; vous n'avez que le consentement réciproque du père et de l'enfant. Il est inouï, dans l'histoire du droit, que ce consentement réciproque ait pu attribuer à l'enfant une qualité nouvelle.

Quand vous voulez réhabiliter l'enfant naturel, vous avez la voie de la *légitimation*, mais vous n'en avez pas d'autre. L'adoption n'est faite que pour créer une paternité purement fictive et non pour améliorer la condition des enfants naturels. Procéder autrement, c'est confondre deux institutions distinctes par leur origine, leur histoire, leurs conditions et leurs effets, comme par la place qu'elles occupent dans le Code.

Ainsi, pour avoir voulu façonner une fiction à votre guise, vous lésez la maxime *fictio semper à lege, nunquam ab homine inducitur ;* et, à vrai dire, vous n'avez plus de fiction, dès que vous n'imitez pas la nature, et, par suite votre système d'adoption n'est plus qu'une chimère ; car vous n'avez plus d'enfant créé par l'adoption ; vous n'avez donc plus rien. Il ne faut pas vous en étonner, car Cujas vous avait dit : *Adoptio est fictio quæ naturam imitatur ;* NAM SI NON IMITETUR, NULLA EST.

Vous arrivez donc à **ce** point qu'au lieu d'user d'une fiction qui est, plus que toute **autre**, *imitative de la nature*, vous faites exactement l'inverse de la nature ; et par une dernière conséquence, suivant les voies opposées à celles de la nature, vous aboutissez nécessairement à un résultat contre nature ; car il est contre nature que le même enfant soit l'enfant de la nature et de la fiction, c'est-à-dire que l'image soit là où se trouve la réalité. M. Gary disait, au nom du Tribunat, qu'il *serait* CONTRADICTOIRE *que la fiction* pût, DANS AUCUN CAS, figurer A CÔTÉ *de la réalité.* Nous disons qu'il serait monstrueux, en philosophie comme en droit, que l'illusion fût là où est déjà la vérité ; qu'il pût y avoir coexistence de la filiation fictive et de la filiation réelle ; que ce qui n'est, en empruntant encore les paroles de M. Gary, qu'un *supplément* de la nature, pût se trouver superposé à la chose elle-même qu'il s'agit de *suppléer*, ou concourir avec cette chose.

Dira-t-on que si la fiction de l'adoption doit être imitative de la nature, il ne s'ensuit pas qu'elle doive créer l'enfant ? Mais alors quelles seraient les conséquences de cette imitation ? Il s'ensuivrait que l'enfant adoptif doit être moins âgé que l'adoptant, que l'adoption doit être irrévocable, qu'elle ne peut pas être faite à terme ou sous condition. Nous serons sans doute d'accord sur ces divers points; mais ce ne sont là que des points secondaires, que des conséquences du principe même que la fiction est mère. Or, comprendriez-vous que le premier effet de l'imitation ne fût pas la maternité fictive elle-même, et qu'on tirât de nombreuses conséquences de cette maternité? Comprendrait-on que la fiction fût imitative de la nature pour les choses accessoires, et qu'elle ne le fût pas pour la chose principale, qui est la procréation de l'enfant?

Le résultat monstrueux auquel aboutit le système que nous combattons est donc en opposition flagrante avec la seconde règle reçue en matière de fictions : *fictio est contra veritatem, nunquam contra naturam esse potest.* Elle peut bien être contraire à la vérité, parce que l'enfant n'est que fictif; mais le créer quand il existe déjà, vouloir qu'il soit l'image quand il est la vérité, ce n'est pas feindre, ce n'est pas être contre la vérité, c'est être contre la nature, c'est tomber dans la monstruosité!

Ces théories n'ont rien d'abstrait ni de métaphysique. Ou il faut les admettre, ou il faut renoncer au langage du droit, qui vit pour ainsi dire de fictions ; car, selon la juste observation d'Hauteserre, qui avait approfondi toutes ces théories, le domaine des fictions est dans le droit beaucoup plus que dans la peinture et dans la poésie.

Le système de l'adoption de l'enfant naturel bouleverse donc et révolutionne toutes les doctrines jusqu'ici reçues en matière de fictions.

Savez-vous ce qu'on répond aux précisions qui précèdent?

On dit : La filiation fictive est une filiation beaucoup plus large que la filiation purement naturelle ; donc elle peut la remplacer. La *remplacer*, c'est une inexactitude; il faut dire *coexister.* — Mais cette objection ne prouve évidemment rien. Il ne s'agit pas de savoir si la paternité fictive est plus ou moins large que la paternité naturelle, mais si elle peut coexister avec la paternité naturelle, si l'illusion peut prendre pied un instant là où elle vient se heurter contre la réalité.

On ne conteste pas que la filiation résultant de l'adoption ne soit plus avantageuse, plus large pour l'enfant que la filiation purement naturelle ; mais on vous fait remarquer que la paternité fictive ne peut pas être conférée, dans l'espèce, par l'adoption, parce que vous ne pouvez adopter qu'à la condition de créer, par un seul et même acte, la filiation avec les droits qu'elle confère, tandis que vous vous bornez à ajouter une filiation nouvelle à une filiation préexistante.

Tout le système est dans cette dernière précision.

Pline et Ausone se plaisent à mettre en opposition l'enfant du choix et l'enfant de la nature, *imitatur adoptio prolem quam legisse juvat, quam genuisse velit.* Et on a vu le tribun Gary maintenir lui-même cette antithèse, quand il s'est écrié : « Qu'il y a loin dans le cœur de l'homme, de l'enfant de son » *sang* à celui de son *choix!* » Ce sont les enfants *d'autrui* que la loi permet d'adopter et non ceux qui sont déjà les *nô-tres*, disait M. Malleville, dès 1805, encore tout pénétré des discussions du Conseil d'état, sur le titre de l'adoption, discussions auxquelles il avait constamment pris part [*].

On ne *choisit* pas ce que l'on a *déjà.*

Quand vous dites que vous adoptez un enfant naturel, vous bouleversez tous les principes, et vous créez un langage qui n'a jamais existé. — Vous vous faites un droit tout particulier, qui ne ressemble à aucune des théories reçues jusqu'ici. — Vous

[*] Analyse raisonnée, tome I. — 346.

faussez et vous corrompez même le langage ordinaire et familier de la vie ; car personne ne s'est jamais servi du mot *adopter*, pour indiquer une chose qui lui était déjà propre, personnelle ; par exemple, personne n'a jamais dit qu'il adoptait un système qui était déjà le sien, qu'il adoptait un drapeau sous lequel il s'était déjà placé.

Vous ne choisissez donc pas un fils, vous ne l'adoptez pas, *non optas*, pour me servir de l'étymologie latine ; vous ajoutez des liens nouveaux à ceux qui vous attachaient déjà à lui ; vous ne le faites pas votre fils, vous ne l'engendrez pas par la fiction, *non ponis*, *non instituis filium*, pour rappeler l'étymologie grecque ; vous conférez à votre fils naturel certains priviléges de la légitimité, *non facis filium*, *naturali tribuis quædam legitimorum jura*. L'adoption n'imite pas pour vous, selon l'expression de Calpurnius Flaccus, le bienfait de la nature et de la loi, *beneficium naturæ et juris ;* elle n'imite que le bienfait du droit seulement, *beneficium juris tantum.* L'adoption n'est plus qu'un supplément du *droit*, et non un supplément de la *nature.* Vous ne greffez pas un rameau sur un sujet étranger ; vous le greffez sur le sujet dont il fait partie, vous n'obtenez aucun résultat ; ce qui se résume toujours à dire que vous n'adoptez pas ; car *adopter* n'est autre chose qu'OPTER.

Or, puisqu'il est de la *nature* de l'adoption que l'adopté ne soit pas déjà l'enfant de l'adoptant, puisqu'il faut qu'elle crée fictivement l'enfant par cela seul qu'elle est imitative de la nature, il ne faudrait rien moins qu'un texte positif dans le Code qui modifiât cette nature, qui y dérogeât, sans quoi l'adoption doit être sévèrement défendue.

Si les auteurs du Code civil ont jugé inutile de nous donner une définition légale de l'adoption, n'est-ce pas parce qu'ils ont compris cette institution comme on l'avait comprise constamment avec eux?

Si nous n'avions point, en ce qui concerne l'adoption faite par Périclès de l'enfant naturel qu'il avait eu d'Aspasie, le témoignage positif de l'histoire, aurions-nous pu la supposer et l'admettre en présence de l'étymologie de la définition grecque? Comme aussi, si nous n'avions pas sous nos yeux les textes du droit romain autorisant l'adrogation des émancipés, aurions-nous déduit cette espèce d'adoption des maximes de ce droit sur la nature et le caractère de l'adoption?

Les exceptions que les Romains avaient apportées au caractère même de la fiction imitative de la nature ont servi plutôt à consacrer la règle qu'à l'infirmer, et ces exceptions n'existant plus maintenant chez nous, la règle doit reprendre toute sa généralité.

Les auteurs du Code civil ne s'y sont pas mépris.

Quand le Code a voulu déroger à ce qui est de la nature de l'institution, il s'en est assez généralement expliqué.

Ainsi il a disposé, par l'article 343, qu'il suffirait que l'adoptant eût quinze ans de plus que l'adopté ; en cela il s'écarte de la nature ; car pour les mâles qui adoptent, il aurait fallu que la différence fût de dix-huit ans au moins, puisque à cet âge seulement ils sont présumés pubères. Mais on peut faire remarquer, - avec le tribun Gary, que la légère disparité que nous venons de remarquer n'est susceptible d'aucune critique.

Il a déclaré encore, par exception à la règle précédente, que, dans l'adoption rémunératoire, il suffisait que l'adoptant fût plus âgé que l'adopté, sans préciser la différence (art. 345, § 2). Un seul jour de différence serait donc suffisant. Mais, comme le disait le tribun Perreau, cette espèce d'adoption n'était, sous ce point de vue, que comme une exception dans le système général.

Si les deux exceptions prémentionnées n'avaient pas été écrites en textes formels, on ne les aurait pas admises, parce qu'elles sont contraires à la maxime *adoptio naturam imitatur*.

Par les mêmes raisons, il aurait fallu dire : L'adoption de l'enfant naturel est permise. Et précisément, de cela seul qu'on ne l'a pas dit, il faut en conclure qu'elle est prohibée, surtout dès qu'on eut apposé à toutes les adoptions sans distinction, en frimaire an XI, la condition des services antérieurs, qui exclut nécessairement la validité de l'adoption proposée.

Aucun texte du Code ne prohibe l'adoption à terme, ni l'adoption conditionnelle. Admettrez-vous pourtant ces modifications? Non, sans doute, parce que, la nature ne donnant pas des enfants sous condition ou pour un temps limité, il faut que la fiction soit calquée sur la nature. Admettrez-vous, bien que le Code ne dise pas le contraire, que l'adoption est révocable? — Non, assurément, toujours par la seule raison que les liens de la nature ne peuvent être brisés par les conventions des hommes.

A ce point de vue nous n'hésiterons pas,

1° A improuver la jurisprudence qui décida que, d'après la loi du 25 germinal an XI, les adoptions d'enfants naturels, incestueux ou adultérins, faites depuis la révolution étaient valables, par cette raison que l'article 1er de la loi du 25 germinal, ne validant que des *adoptions*, ne s'appliquait qu'à des *adoptions* caractérisées et conformes à la nature même de l'institution. La Cour de cassation elle-même le reconnut, le 13 décembre 1816, en infirmant l'autorité des quatre décisions antérieures qu'invoque M. le procureur général Dupin*. Au reste, on comprend

---

* Sirey, xvii, I, 165.

qu'en l'absence de toute organisation, en l'absence de toutes conditions, les tribunaux aient cru pouvoir valider ces adoptions faites par suite de cette opinion généralement reçue qu'elles étaient valables et consommées, pour ainsi dire, sous la sauvegarde de l'opinion publique, dans des temps de désordre et de perturbation de la famille. De cette jurisprudence on ne peut rien conclure à ce qui doit se passer sous l'empire du Code civil.

2° A reconnaître que, lorsque le Conseil d'état, dans les séances des 16 frimaire et 4 nivôse an X, voulut autoriser l'adoption des enfants naturels, il ne lui suffisait pas de supprimer l'article 9 du projet de cette époque qui proposait de prohiber cette adoption par un texte formel. Si l'adoption de l'enfant naturel eût été dans le droit commun de cette institution, si elle n'eût pas été contraire à sa nature, on conçoit que la suppression de l'article 9 prohibitif, et par suite l'absence dans ce Code de tout texte prohibitif, eût été suffisante pour qu'on admît ce genre d'adoption. Mais on se trouvait dans une situation toute contraire : la nature de l'adoption concordait avec la propriété même des expressions et la correction du langage ordinaire, pour exclure l'adoption, dans l'espèce. Il fallait donc nécessairement un texte positif qui dérogeât à cette nature et autorisât expressément l'adoption de l'enfant naturel. — Il le fallait surtout alors que, d'après les circonstances dans lesquelles elle intervenait, l'adoption était placée sous le poids d'une suspicion légitime de fraude aux lois limitatives de la capacité de l'enfant naturel.

Le Conseil d'état en jugeait sans doute autrement; mais le Conseil d'état n'était pas le Corps législatif; sa mission était de préparer les projets, et le Corps législatif qui les délibérait ne pouvait les apprécier que par les dispositions textuelles qu'ils ʳenfermaient, comme aussi les citoyens obligés de les exécuter ne pouvaient en juger que par ces dispositions.

Si le Conseil d'état s'était trompé sur les conséquences logiques que l'on devait déduire de l'absence d'une disposition prohibitive, sur le caractère du droit commun, le Corps législatif et les citoyens après lui n'étaient pas tenus de s'associer à cette erreur et de la subir.

Ces observations deviennent presque surabondantes pour nous qui savons, 1° que les délibérations du Conseil d'état, en l'an X, sont, d'après le témoignage de M. Locré, et par des raisons politiques, personnelles au Premier Consul, restées constamment dans l'oubli, et que, d'après le procès-verbal officiel constatant la communication officieuse à la section de législation du Tribunat du projet de l'adoption, cette communication officieuse n'a porté taxativement *que sur le projet du* 18 *frimaire an XI;* 2° que les délibérations de l'an X furent, en ce qui touche principalement les conditions essentielles de l'adoption, novées par l'introduction dans les projets de l'an XI des conditions de *services antérieurs.*

Ces diverses raisons concourent donc toutes à mettre au néant out ce qu'on voudrait induire des projets de   an X, pour atténuer la force des conséquences invincibles qui s'induisent de l'absence d'un texte prohibitif, et à mettre en relief toute l'autorité des travaux préparatoires de l'an XI.

Prenons donc le contre-pied des principes posés par l'arrêt de la Cour de cassation du 28 avril 1841, et ne permettons plus qu'on nous dise : Prouvez qu'il y a des textes prohibitifs, sans quoi l'adoption de l'enfant naturel sera permise. Ressaisissons les avantages que nous avions mal à propos perdus, et disons à notre tour : Prouvez que l'adoption de l'enfant naturel est permise, sans quoi elle est défendue.

Ainsi, en l'absence même de tout texte, nous arrivons à légitimer notre solution, en établissant qu'il est de la nature de l'adoption que l'adopté ne soit pas l'enfant naturel de l'adoptant.

Nous venons de voir, 1° qu'il est de la nature de l'adoption de créer l'enfant qui aura certains droits d'enfant légitime ; 2° que les travaux du Conseil d'état de l'an **X** , eussent-ils constitué les vrais travaux préparatoires du Code, n'auraient pu, en l'absence d'un texte positif décrété par le Corps législatif, détruire aucune des conséquences dérivant du droit commun ou de la nature même de l'institution.

Mais faisons aux adversaires une dernière concession.

Admettons qu'il ne soit pas de la nature de l'adoption de créer l'enfant ; admettons, en laissant de côté tout ce qui précède, la validité de l'adoption de l'enfant naturel, supposons qu'elle a produit tous ses effets pendant la vie de l'adoptant et de l'adopté, examinons les conséquences qu'elle va produire par rapport à la transmission des biens.

L'illusion est donc venue prendre place à côté de la vérité, l'image à côté de la réalité, le supplément à côté de la chose qu'il s'agissait de suppléer. Que va-t-il advenir ?

L'adopté est mort sans postérité ; le père adoptant se présente pour exercer des droits sur sa succession en une double qualité, en vertu de l'article 351 qui dispose :

« Si l'adopté meurt sans descendants légitimes, les choses
» données par l'adoptant, ou recueillies dans sa succession, et
» qui existeront en nature lors du décès de l'adopté, retourne-
» ront à l'adoptant ou à ses descendants, à la charge de con-
» tribuer aux dettes, et sans préjudice des droits des tiers.—
» Le surplus des biens de l'adopté appartiendra à ses propres
» parents, et ceux-ci excluront toujours, pour les objets même

» spécifiés au présent article, tous héritiers de l'adoptant autres
» que ses descendants. »

D'abord, en vertu du § premier de cet article, le père exerce un droit de retour légal sur les biens par lui donnés à l'adopté, et qui existent en nature lors de son décès; et d'après le § 2, combiné avec l'article 765, il se présente comme *propre parent* de l'adopté, pour recueillir le surplus de sa succession, seul ou en concours avec la mère qui aurait reconnu l'enfant. Ce concours de la mère donne au droit de retour, autorisé par le § premier de l'article 351, un avantage évident.

Voilà donc le père adoptif exerçant deux qualités bien distinctes, agissant d'abord comme père légitime par la fiction, exerçant un droit de retour, et agissant ensuite comme successible (765), en sa qualité de père naturel, de *propre parent.*

Personne ne peut nier la légalité de cette double action et de la coexistence de deux qualités donnant droit à des avantages distincts et séparés. — Cette dualité de qualités tout opposées, marchant parallèlement et fonctionnant simultanément, est consacrée par le texte même de l'article 351, et d'un autre côté par ce grand principe qui domine toute l'adoption française, que l'adopté *reste dans sa famille naturelle*, principe consacré par l'article 348, que les travaux préparatoires de l'an X avaient méconnu, mais restitué par les travaux de l'an XI.

Nous trouvons donc, dans ces dispositions de la loi, la preuve certaine que l'adoption ne doit pas être confondue avec la légitimation, que l'adoption n'efface pas les rapports de la filiation préexistante, puisque dans l'espèce la qualité de père naturel n'a pu être novée par la fiction, et a conservé au père les avantages, c'est-à-dire le droit de succession qui s'y trouvait attaché.

Sans doute l'article 351 a été fait pour une autre situation, pour celle du père adoptif exerçant le droit de retour légal, en présence du père naturel, appartenant à une autre famille, et venant recueillir l'hérédité en qualité de propre parent de l'adopté ; mais le père naturel et fictif, se rencontrant dans les prévisions de cet article, ne peut être privé du droit d'en user.

Passons maintenant au cas où il s'agit de la succession du père.

Si le père a conservé, nonobstant l'adoption, sa qualité de père naturel et les droits de succession qui y sont attachés, il faut bien admettre par corrélation nécessaire que l'adopté a conservé aussi sa qualité d'enfant naturel. — L'adoption est venue greffer sur cette qualité celle d'enfant par la fiction ; mais elle n'a pas détruit la première, toujours par suite du principe fondamental que l'*adopté reste dans sa famille naturelle*, et y conserve tous ses droits. — S'il y reste avec ses droits, il y reste sans doute avec ses devoirs ; s'il y reste avec sa capacité, il n'est pas affranchi non plus des incapacités dont il peut y être grevé. Il y reste d'une manière absolue et non d'une manière relative.

L'article 349 nous fournit une preuve de cette proposition, en parlant de l'obligation naurelle qui *continuera* d'exister entre l'adopté et ses père et mère de se fournir des aliments...

Si l'adoptant se fût attaché par l'adoption l'enfant naturel d'un autre, l'incapacité dont l'adopté est entaché vis-à-vis de son père naturel ne serait pas levée. Il n'en est pas autrement parce qu'il a voulu adopter son propre enfant.

L'adoption, essentiellement distincte de la légitimation, laisse donc subsister la qualité d'enfant naturel.

Cette distinction fondamentale, qui sépare l'adoption de la légitimation, doit constamment planer sur l'examen de notre thèse.

La Cour de cassation elle-même a proclamé, par son arrêt du 28 avril 1841, cette distinction :

« Attendu, dit-elle, que la légitimation et l'adoption ont des » règles et DES EFFETS *essentiellement distincts ;*

» Que séparées dans leurs conditions et dans leurs CONSÉ-» QUENCES, ces deux institutions ne peuvent exercer, l'une à » l'égard de l'autre, une influence qui ait dû exciter la sollici-» tude du législateur *. »

Dans l'adopté comme dans l'adoptant nous trouvons donc deux qualités distinctes, juxta-posées et marchant de front. Du chef de l'adoptant elles se concilient très-bien ; leur concours est autorisé par les deux paragraphes de l'article 351 ; le premier est fait pour la qualité fictive, le second pour la qualité naturelle ; mais quand il s'agira de l'enfant venant à la succession de son père, ce concours et cette bonne harmonie vont être nécessairement troublés...

En effet, en vertu de sa qualité fictive, l'enfant réclamera, aux termes de l'article 350, *les mêmes droits que s'il était né du mariage*, et prétendra par suite à la qualité d'héritier ; et comme enfant naturel, au contraire, il est privé de la qualité d'hériter et ne peut prétendre qu'à la quotité de biens déterminée par les articles 757 et suivants du Code civil.

Voilà donc deux qualités produisant des effets qui s'excluent et se paralysent l'un l'autre ; l'article 350 confère la capacité, l'article 756 établit l'incapacité. L'enfant invoque, comme adopté, l'art. 350 ; les collatéraux argumentent contre lui, en sa qualité d'enfant naturel, des articles 338, 756 et suiv.

Comment sortir de ce conflit ? La chose n'est pas difficile, diront les partisans de la validité de l'adoption ; il faut donner

* *Moniteur* du 5 mai, 1er supplément.

la préférence à la capacité ; il est de principe que celui qui réunit plusieurs qualités en sa personne peut procéder en la meilleur qualité possible.

Oui, le principe est vrai quand il s'agit de qualités produisant des effets qui ne s'excluent pas l'un l'autre, de qualités qui dé-rivent toutes deux d'un droit ordinaire.

Mais ici l'une repose sur la vérité, l'autre sur la fiction, et les effets de l'une excluent et neutralisent les effets de l'autre ; car *capacité* et *incapacité* sont deux choses qui se détruisent et s'annihilent réciproquemment. POUVOIR être héritier (350), et NE POUVOIR pas être héritier (338, 756, 908, 911), sont deux choses incompatibles.

Si l'enfant naturel avait droit, à titre successif, à une quotité de biens dans la succession *ab intestat* ou testamentaire de son père, sans être frappé d'incapacité pour tout l'excédant, il n'y aurait pas de difficulté ; car la quotité inférieure à laquelle il aurait droit, comme enfant naturel, serait débordée par les quotités supérieures auxquelles il pourrait prétendre comme adopté, et l'une pourrait compléter ce qui manque à l'autre,

Mais il n'en est pas ainsi de l'enfant naturel ; *il ne peut réclamer les droits d'enfant légitime* (338), il n'est *pas héritier* (756). — *Il ne peut rien recevoir* AU DELA de ce *qui lui est accordé au titre des successions* (art. 908). — Pour tout le surplus, il est déclaré INCAPABLE (art. 911).

Il suit de là que la qualité d'enfant naturel, ayant survécu à celle d'enfant adoptif, n'ayant pas été purgée par elle, neutralise nécessairement la qualité d'enfant fictif, en ce qui concerne les droits héréditaires qui s'y trouvent attachés, en ce sens que l'enfant n'aura droit à la succession de son père qu'en sa qualité d'enfant naturel, et la stérilité de cette adoption retombe de tout son poids sur le principe lui-même dont elle démontre l'illégalité.

Nous décidons que l'adopté n'aura droit à la succession qu'en qualité d'enfant naturel ; car cette qualité, étant préexistante à celle que la fiction a produite, a nécessairement paralysé les effets de cette fiction, lorsque la capacité aura voulu faire impression sur la tête de l'adopté. — L'incapacité de l'enfant naturel aura résisté à la capacité attribuée à l'enfant de la fiction ; la réalité aura nécessairemeut repoussé l'illusion ou l'artifice.

Dans la légitimation par mariage subséquent, l'enfant légitimé n'a qu'une qualité, celle d'enfant légitime. — Le vice de son origine a été purgé ; sa qualité d'enfant naturel a été novée ; la qualité d'enfant légitime a *remplacé* la première dont il ne reste pas de vestige, à dater du mariage (C. civ., 333). En lui il y a unité, on ne peut plus voir en lui qu'un enfant légitime. Mais, dans l'adoption, la dualité existe ; la qualité d'enfant légitime par la fiction ne s'est pas substituée à la qualiré d'enfant naturel ; elle ne l'a pas *remplacée :* elle est venue se joindre à elle, sans la détruire. La difficulté ne peut donc se présenter dans le cas de légitimation.

Dans les adoptions ordinaires, conformes au système du législateur, la difficulté ne saurait non plus se présenter ; car, l'adopté appartenant toujours à une famille étrangère à l'adoptant, le lien de la nature et celui de la fiction ne concourent jamais ; la collision ne peut s'établir entre elles.

Mais on veut se placer en dehors du système du législateur. On prend l'adopté parmi les descendants de l'adoptant, et on s'engage nécessairement dans les situations les plus anormales. Assurément, on ne peut pas reprocher au législateur de n'avoir pas suffisamment manifesté sa pensée à ce sujet, puisque sept textes bien précis (346 à 353) sont tous l'expression de cette distinction des deux familles que l'adoption doit mettre en présence.

En cela le législateur a eu un but éminemment moral, éminemment politique, celui de faire de l'adoption un nouveau moyen d'alliance entre les familles.

Vous voulez vous placer au-dessus de ses textes et de son esprit, vous croyez pouvoir tout méconnaître ; il ne faut pas être surpris si vous arrivez à des résultats contraires à ceux que la loi attache à l'adoption.

Quand les Romains rencontraient le concours du lien de la nature et du lien fictif, dans le cas unique où le fils était en présence de son père, ils se prononçaient en faveur du lien de la nature. — Ainsi le père avait émancipé son fils ; puis il l'avait exhérédé. Plus tard, le père adrogeait l'émancipé. On se demandait si l'adrogation devait entraîner la rupture du testament, et Papinien décide que non. *Filio, quem pater post emancipationem a se factam, iterum adrogavit, exhœredationem antea scriptam nocere dixi. Nam in omni ferè jure sic observari convenit, ut veri patris filius adoptivus nunquam intelligatur :* NE IMAGINE NATURÆ VERITAS ADUMBRETUR [*].

Ainsi, bien qu'il fût question des intérêts de l'enfant, bien que la qualité fictive résultant pour lui de l'adrogation lui fût plus avantageuse que celle qu'il tenait de la nature, on donnait cependant la préférence à la vérité sur la fiction.

Il y a cela de très-remarquable, que cette décision de Papinien est intervenue au sujet du principe même de l'adrogation des émancipés, principe qui est, comme on l'a vu, un des fondements de la doctrine contraire, principe dont l'application se retourne tout entière en notre faveur, puisque

---

[*] Frag. 23, *De liberis et posthum.*

l'enfant adrogé était considéré à Rome en sa qualité naturelle et non en sa qualité fictive.

On voit que nos antagonistes auraient pu mieux choisir.

D'ailleurs l'adrogation des émancipés ne pouvait, en aucun cas, contrarier en rien les lois de la morale.

Si, dans notre droit français, on ne veut pas suivre les doctrines de Papinien, reproduites par Cujas* et Hauteserre**, c'est-à-dire si on ne veut pas donner la préférence à la qualité naturelle sur la qualité fictive, on ne peut du moins s'empêcher de les admettre en concours, et ce concours doit amener nécessairement la stérilité de l'adoption de l'enfant, en ce qui concerne les droits héréditaires.

Il est de règle que, dans le cas d'incompatibilité de deux qualités, dont l'une dérive de la nature, l'autre doit être nécessairement considérée comme non avenue.

Veut-on renverser le système romain, et donner la préférence à la qualité fictive sur la qualité naturelle? Mais, dans ce cas, on retombe dans l'adoption frauduleuse, car la qualité fictive aura eu pour résultat de faire fléchir l'incapacité résultant de la qualité naturelle préexistante.

Le dilemme est saisissant.

Ou l'adoption de l'enfant naturel reste stérile pour lui, en ce qui concerne les biens, et alors son illégalité est par cela même démontrée; ou elle lui attribue une qualité qui fait cesser une incapacité dérivant d'une qualité qui subsiste, et alors elle est nécessairement frauduleuse, nécessairement impuissante.

Ce qui a trompé constamment nos adversaires, et notam-

---

* Tom. IV, page 356.
** Page 5, *De fictionib. juris.*

ment M. Dupin, c'est qu'ils ont confondu perpétuellement l'adoption avec la légitimation.

Ils ont dit : L'enfant ne recueille pas les biens comme enfant naturel, il les recueille comme enfant adoptif. Cette seconde qualité a *remplacé* l'autre. Mais c'est là une erreur capitale ; car la qualité d'enfant naturel n'a pas été *remplacée;* elle subsiste, parce qu'elle n'est pas détruite par l'adoption. — Ils ont argumenté de l'enfant naturel légitimé par mariage subséquent.

Écoutons M. Dupin : « La prohibition de l'article 338 est » générale pour tous les enfants naturels reconnus; cepen- » dant elle n'empêche pas ces mêmes enfants de recueillir les » biens après qu'ils sont légitimés. Donc le changement ap- » porté à la qualité apporte un changement à la capacité*. »

Mais la comparaison est tout à fait inexacte, et son inexactitude même suffit pour faire toucher au doigt la vérité de nos précisions.

Quand l'enfant naturel a été légitimé, il cesse d'être enfant naturel; il ne reste plus, à dater du mariage, aucune trace de cette qualité**; elle a été remplacée par la seconde; il y a *novation* de qualité.

La légitimation fait à l'enfant une nouvelle nature ; elle le refait pour ainsi dire tout entier par la force de la fiction. Mais l'adoption ne refait pas l'enfant; elle le laisse tel que la nature l'a fait; elle se borne à faire accéder à la qualité originaire une qualité qui conférera des droits nouveaux, à condition que ces droits ne seront pas incompatibles avec la qualité originaire qui subsiste visiblement.

* Réquisitoire du **28** avril **1841.**
** Merlin, Répertoire, v° *Légitimation.* **Passim.**

Un rameau ne dépouille pas sa nature, parce qu'il a été greffé par un sujet étranger*; ou, si l'on veut (comme dans l'adoption de l'enfant naturel), sur un sujet dont il constituait une partie intégrante.

M. Dupin méconnait ces vérités; il insiste toujours sur son idée favorite du *changement d'état* produit par l'adoption ; on la voit dominer tout son réquisitoire du 28 avril 1841.

La Cour de cassation elle-même, dans son arrêt du même jour, bien qu'elle ait si nettement distingué le caractère et les effets de la légitimation et de l'adoption, consacre ce principe, qu'il y a par l'effet de l'adoption *changement d'état*.

Mais la Cour s'est trompée commé son procureur général.

Dans l'adoption, il y a juxta-position ou addition d'un état nouveau à l'état naturel qui survit; mais il n'y a pas *changement* d'état proprement dit.

Il y a changement d'état, toutes les fois qu'en revêtant un état nouveau, on abdique, on dépose l'état que l'on avait. Ainsi la majorité, le mariage, l'interdiction constituent un *changement* d'état, parce que l'on ne peut être en même temps majeur et mineur, femme libre et femme mariée, jouir de l'exercice de ses droits civils et en être privé.

Pour faire toucher du doigt ces précisions, nous n'avons pas besoin de remonter aux doctrines romaines sur la *capitis diminutio ;* de faire remarquer, par exemple, que, sous Justinien, l'adoption *parfaite*, qui laissait, comme l'adoption française, l'adopté sans sa famille naturelle, n'entraînait pas la *minima capitis diminutio ;* il nous suffira de citer l'art. 194

---

* Cette comparaison est d'autant plus exacte, qu'on trouve partout dans les auteurs, et notamment dans Pline : *Adoptio ramorum ;... ramus ramum adoptet.*

du Code civil, ainsi conçu... Si la personne qui a fait le dépôt a *changé d'état*; par exemple, si la femme, libre au moment où le dépôt a été fait, s'est mariée depuis et se trouve en puissance du mari; si le majeur déposant se trouve frappé d'interdiction, etc., etc... Ces exemples, que nous puisons dans la loi elle-même, nous donnent une idée exacte du *changement d'état*.

Il y a aussi, dans la légitimation, *changement* d'état; car la fiction a détruit le vieil homme et en a fait, à dater du mariage, un homme tout nouveau.

Mais dans l'adoption rien de cela ne se vérifie.

L'état qu'avait l'adopté dans sa famille naturelle subsiste (article 348); c'est une des grandes règles de l'adoption. L'état nouveau que l'adoption fait à l'adopté, c'est-à-dire son état fictif, concourt avec son état dans sa famille naturelle.

Je comprendrais, à ce point de vue, la doctrine de nos adversaires, si les travaux préparatoires de l'an XI eussent maintenu ce principe du projet de l'an X, *que l'adoption ferait sortir l'enfant adoptif de sa famille naturelle**. Alors il eût été permis de dire qu'il y avait *changement* d'état; mais peut-on le dire quand c'est le principe tout contraire qui a prévalu?

Quand l'adoption porte sur un enfant étranger, ce cumul ou ce concours de l'état *fictif* avec l'état *naturel* est palpable; il n'en saurait être autrement, si l'on admet que l'adoption de l'enfant naturel est valable.

Puisqu'on veut que cette adoption soit sous le régime du droit commun, il faut nécessairement en consacrer toutes les conséquences.

Il n'y a donc pas dans l'adoption de l'enfant naturel, pas

---

* **Art. 32 du projet du 4 nivôse an X. — Fenet, 10, 332.**

plus que dans toute adoption, CHANGEMENT d'état, mais AC-
CESSION d'un nouvel état à l'état naturel; et l'état naturel
subsistant neutralise par l'incapacité dont il est affecté, et qu'il
entretient, les conséquences de la capacité attachée à l'état fictif.

L'incompatibilité qui s'établit entre les effets de la fiction et
de la nature frappe, ici, la première de stérilité.

C'est parce qu'on a constamment raisonné sous l'influence
de la confusion d'idées qui vient d'être signalée et détruite, que
l'on n'a pas vu tout ce qu'il y avait de capital dans le rôle que
joue la fraude aux lois prohibitives, dans l'adoption de l'enfant
naturel. Ce n'est pas une question de transmission de biens
faite par le père, c'est un *changement d'état*, a-t-on dit. On
est maintenant à même d'apprécier l'exactitude de cette proposition.

C'est donc bien mal à propos que l'on a cherché à ne voir
dans l'adopté que l'enfant de la fiction et à tenir caché derrière
lui l'enfant naturel, puisqu'on est obligé de voir le père fictif
se dédoubler, pour ainsi dire, et agir visiblement en sa double
qualité de père naturel et fictif, d'après les articles 351 et 765
du Code civil.

Les partisans de la validité de l'adoption proposée ont bien
senti que, pour échapper à l'argument pris de la prohibition
limitative de la capacité de l'enfant naturel, il fallait à tout prix
faire considérer la qualité d'enfant naturel comme détruite et
remplacée par celle d'enfant adoptif. — L'impuissance évidente de leurs efforts pour arriver à ce résultat suffit pour
condamner leur doctrine.

Nous voici parvenus au terme de notre examen.

Que reste-t-il maintenant du réquisitoire de M. le procureur général, dans lequel se trouvent tous les arguments sur

lesquels s'étaie la doctrine de la validité de l'adoption de l'enfant naturel? Absolument rien.

Ne l'avons-nous pas démoli, pièce par pièce?...

Voyez :

M. Dupin commence par invoquer avec la plus grande autorité les travaux préparatoires du Code civil; il y trouve la preuve des intentions du législateur. — Il ne s'appuie que sur les travaux de l'an X : nous prouvons que toute la question est dans les travaux de l'an XI. — On objecte à M. Dupin que les travaux de l'an X étaient restés enfouis dans les archives du Conseil d'état jusqu'en 1827 ; il répond qu'ils ont été communiqués, du moins *officieusement*, à la section de législation du Tribunat : nous démontrons, le procès-verbal officiel à la main, que la communication officieuse n'a porté taxativement que sur le projet du 18 frimaire an XI.

M. Dupin établit qu'il n'est pas de l'*essence* de l'adoption que l'adopté ne soit pas l'enfant naturel de l'adoptant; nous constatons, avec tous les documents de l'histoire, que cette condition négative est au moins de la *nature* de l'institution, et nous arrivons par là aux mêmes résultats.

M. Dupin dit qu'en l'absence d'un texte qui prohibe l'adoption, elle doit être reçue: nous justifions la proposition toute contraire, à savoir qu'en l'absence d'un texte qui l'autorise, elle doit être défendue.

Nous produisons d'ailleurs des textes qui la prohibent.

On objecte à M. Dupin que l'adoption dont s'agit viole les lois limitatives de la capacité de l'enfant naturel. — Il répond que c'est une pétition de principe, que l'adopté reçoit comme adopté et non comme enfant naturel; nous prouvons, par l'histoire du droit, que, si l'adoption peut produire tous ses effets entre l'adoptant et l'adopté, elle ne peut lever l'iucapacité de l'enfant naturel quant à ses droits héréditaires, et qu'elle est entachée de fraude par cela seul qu'elle produirait ce dernier résultat. M. Dupin dit que la fraude n'est pas admise en matière d'adoption ; nous lui opposons la doctrine compacte du droit romain, pendant plus de huit siècles, et l'ensemble du système du Code sur les enfants adoptifs, pour établir que l'adoption, à cause des soupçons de fraude dont elle est frappée, ne peut relever l'adoptant ou l'adopté d'aucune incapacité, l'affranchir d'aucune charge, etc., etc.

M. Dupin, qui comprend bien que, si la qualité d'enfant naturel n'est pas détruite par l'adoption, l'incapacité subsiste quant à la transmission des biens, soutient qu'il y a eu *changement* d'état. Nous avons démontré l'inexactitude de ce langage, en distinguant les effets si différents de l'adoption et de la légitimation des enfants naturels.

Ainsi nous constatons que l'adoption de l'enfant naturel, fût-elle valable, ne pourrait, dans aucun cas, lui conférer la qualité d'héritier, soit parce que la qualité d'enfant naturel n'est pas détruite, soit à cause de l'impuissance de l'adoption, quand il s'agit de lever l'incapacité dont l'enfant naturel est frappé.

M. Dupin tombe donc, ici, dans une pétition de principe qu'il reproche mal à propos aux autres.

M. Dupin invoque le droit romain ; le droit romain est tout entier contre lui.

Il rappelle le principe de l'adrogation des émancipés, pour prouver qu'à Rome le lien de la nature concourait quelquefois avec le lien de l'adoption ; nous rapportons le fragment de Papinien qui décide, qu'en ce cas, la qualité d'enfant par la nature l'emportait sur la qualité d'enfant par la fiction, et que par suite l'application de l'exception qu'il nous opposait se retourne tout entière en notre faveur.

Enfin , M. Dupin se place , en terminant son réquisitoire , snr le terrain de la morale ; nous l'y suivons avec le même avantage. Il caractérise la morale qui, selon lui, est favorable à l'adoption des enfants naturels ; il dit : 1° que cette morale est *chrétienne;* nous constatons avec les monuments de l'histoire qu'elle est favorable au libertinage; 2° quelle est sagement *politique;* on a vu qu'elle n'avait pu fleurir qu'à la faveur des idées révolutionnaires ; 3° *vraie;* on sait qu'elle ne constitue qu'une *fraude;* 4° sagement *attempérée à la nature humaine;* il faut dire *attempérée aux passions mauvaises* de l'homme ; 5° sagement *réparatrice;* elle ne répare rien et ne consacre que le système de la violation des lois justifiée par des fautes précédentes ; et tout cela nous l'établissons avec les enseignements de l'expérience, avec les constitutions des Empereurs romains , avec les leçons de notre propre histoire , avec la nature même des choses et l'esprit de nos institutions civiles et sociales.

Ainsi toutes les armes dont M. Dupin s'est servi pour nous combattre se retournent exactement contre lui ; les travaux préparatoires , les textes du Code, les principes du droit commun. Le Droit romain pèse contre lui de tout son poids ; le point de vue historique est on ne peut plus significatif; le point de vue de la morale est accablant ; le point de vue de la légalité est décisif.

Maintenant que la question est épuisée, on peut se former une idée exacte des moyens nombreux qui protestent contre la validité de l'adoption de l'enfant naturel, moyens qui, se donnant la main et s'enchaînant l'un à l'autre , forment autour de notre doctrine comme une triple enceinte continue qui la rend inaccessible à toutes les attaques.

Quel immense faisceau ! ! !

Le droit civil, d'accord avec le droit canonique ; S. Thomas
et ses disciples reproduisant les idées de Papinien ; les poëtes,
les orateurs et les philosophes d'accord avec les jurisconsultes;
Cicéron, Sénèque, Ausone, en harmonie avec les auteurs du
droit civil ; les jurisconsultes les plus distingués des 16e, 17e et
18e siècles, recueillant et maintenant les idées des jurisconsultes de tous les âges de la jurisprudence romaine ; Cujas,
Hauteserre, Heineccius, se constituant les échos fidèles de Javolénus, des empereurs Dioclétien et Maximien, de Justinien,
de Théophile ; et à l'époque de la confection du Code, le conseiller d'état Berlier et le tribun Gary témoignant de l'union
des idées modernes avec les idées anciennes; les exceptions
apportées par les Romains au principe de l'adoption, considérée
comme imitant la nature, proscrites par nos mœurs et nos
lois, et le principe ressaisissant dès lors chez nous toute son
autorité, sauf quelques dérogations mentionnées pour la plupart dans les textes du Code civil; la philologie grecque et romaine, ou plutot l'influence des langues les plus belles et les
plus exactes que le Droit ait jamais parlées, venant au secours
des textes ; le langage ordinaire marchant de concert avec le
langage du droit; l'histoire illuminant de son flambeau tous
ces éléments scientifiques et nous montrant l'adoption de l'enfant naturel se glissant un jour dans les institutions du Bas-
Empire, à la faveur des nuages que l'hérésie avait répandus sur
les saines doctrines, et disparaissant aussitôt que la lumière
pure du Catholicisme eut dissipé ces nuages; l'humanité tout
entière traduisant par ses notions mythologiques comme par
ses habitudes sérieuses, par ses symboles comme par la pratique
civile, l'idée de l'adoption à travers les rites d'une génération
mystique, exclusive de toute génération réelle préexistante;
es peuples barbares d'accord à ce sujet avec les peuples civi-

lisés ; la philosophie et l'économie politique s'alliant avec les traditions de l'histoire ; le droit des fictions offrant le concours direct de ses règles les plus invariables à la solution d'une des principales espèces de fictions ; les principes sur la simulation et sur la fraude à la loi, prêtant main forte aux théories spéciales de l'adoption ; les travaux préparatoires du Code civil sainement appréciés dans tout leur enchaînement et dans toute leur étendue, dont l'esprit a été nettement manifesté au Corps législatif et aux citoyens par des documents officiels, l'exposé des motifs et les discours de l'orateur du Tribunat, expliquant de la manière la plus précise et la plus satisfaisante la lettre de ce Code ; les textes du titre spécial de l'adoption réconciliés avec les principes du droit commun et les textes de tous les autres titres ; et au-dessus de toutes ces idées, les plus saintes institutions abritées contre des atteintes funestes ; et par dessus tout enfin, une pensée toute chrétienne, formulée par Napoléon, c'est-à-dire la bienfaisance et la charité organisées par le droit civil, couronnant ce majestueux tableau ! Voilà tout ce que nous avons rencontré dans la question de l'adoption de l'enfant naturel, ou plutôt tout ce qui combat la validité de cette adoption.

Nous résumons tout notre travail dans les propositions suivanies, échelonnées dans leur ordre logique :

1° S'il n'est pas de l'essence de l'adoption que l'adopté ne soit pas l'enfant naturel de l'adoptant, cette condition est au moins de sa *nature*, et il ne faudrait rien moins qu'un texte qui autorisât la validité de cette adoption, en dérogeant à la nature de l'institution ; car ce qui est de la nature des institutions oblige les citoyens, comme ce qui est de leur essence, à défaut de dispositions contraires, de même que ce qui est de la nature des contrats oblige les parties contractantes, à défaut de stipulations particulières qui y dérogent.

2° Si la condition négative dont nous venons de parler n'est pas de la *nature* de l'adoption, l'adoption de l'enfant naturel sera prohibée par les articles 345, 355, 361 et 366 du Code civil analysés et combinés, par cette raison que le père et l'enfant naturels sont dans l'incapacité relative de se rendre les *services* caractérisés par ces articles et qui constituent une condition essentielle et générale de toute adoption.

3° L'adoption de l'enfant naturel, fût-elle valable, et aurait-elle produit ses effets pour tout le surplus, ne pourrait donner à l'adopté les droits héréditaires mentionnés en l'article 350 du Code civil ; il serait toujours réduit aux droits qui lui ont été attribués par le titre des successions, *ne imagine naturæ veritas adumbretur.*

L'enfant de la fiction ne couvre pas l'enfant de la réalité ; la qualité d'enfant naturel a survécu à l'adoption, et l'incapacité qu'elle entretient est incompatible avec la capacité attachée à la fiction dont elle a nécessairement paralysé les effets.

4° L'adoption de l'enfant naturel (en admettant toujours qu'il fût possible de lui reconnaître le caractère d'une adoption), si elle conférait les droits de succession légitime à l'adopté, est démontrée frauduleuse par l'effet même de l'incapacité qu'elle ferait cesser ; elle est, par cet effet seul, placée sous le poids d'une suspicion légitime de fraude, qui suffit pour la faire proscrire. Cujas l'a dit : *Fraus commento adoptionis admitti non debet.*

En présence de ces quatre propositions principales, les adversaires de notre solution ne lui reprocheront sans doute plus de n'être justifiée que par des considérations, puisque nous soutenons qu'on ne peut consacrer l'adoption de l'enfant naturel :

1° Sans commettre un excès de pouvoir, en admettant en

l'absence de tout texte qui l'autorise, une adoption contraire à la *nature* de cette-institution ;

2° Sans violer les articles 345, 355, 361 et 366 du Code civil ;

3° Que si l'adoption de l'enfant naturel était permise, elle ne pourrait lui conférer aucun droit nouveau à la succession de l'adoptant, sans violer ce principe de l'article 348, *que l'adopté reste dans sa famille naturelle*, et par suite les articles 338, 756 et 908 du Code civil* ;

4° Que si on voulait qu'elle conférât à l'adopté les droits conférés par l'article 350, elle serait placée, par ce fait seul, sous l'influence d'une suspicion de fraude aux lois limitatives de la capacité de l'enfant naturel, et devrait être annulée comme contenant également violation des articles 338, 756, 757, 908 et 911 du Code civil.

Depuis la première édition de ce travail, deux arrêts de Cour royale sont intervenus sur la question, qui sont tous deux contraires à notre solution.

Bien qu'ils n'ajoutent aucune raison nouvelle à celles qui ont été déjà produites, nous ne pouvons pourtant nous empêcher de réfuter rapidement les motifs sur lesquels ils reposent.

Le premier arrêt est de la Cour royale de Dijon, sous la date du 30 mars 1844; il est ainsi conçu : (Sirey — Devilleneuve, 1844, IIe partie, page 271.)

« La Cour, considérant que, pour résoudre la difficulté que

---

* Ce point de vue tranche les difficultés qui se sont élevées sur le point préjudiciel de savoir si les collatéraux peuvent attaquer l'adoption après le décès de l'adoptant. Les collatéraux peuvent reconnaître que l'adoption a été valable et qu'elle a produit tous ses effets, autres que la transmission de la qualité d'héritier sur la tête de l'adopté.

» présente la question de savoir si le père ou la mère peuvent
» adopter l'enfant naturel par eux reconnu, on doit en premier
» lieu se reporter à l'état de la législation et de la jurispru-
» dence, au moment où fut promulgué le titre de l'adoption,
» ainsi qu'aux discussions du Conseil d'état qui ont précédé la
» présentation de ce titre ; qu'il a été constamment jugé que,
» sous l'empire de la loi du 18 janvier 1792, de l'arrêté de la
» convention du 16 frimaire an III, et de l'arrêté du gouver-
» nement du 19 floréal an VIII, l'enfant naturel avait pu être
» adopté par le père qui l'avait reconnu ; que de cette juris-
» prudence invariable on doit tirer la conséquence que l'adop-
» tion d'un enfant naturel n'est pas en opposition avec un
» de ces principes, qui tient à l'essence même de l'adoption ;
» considérant que, lors de la discussion du projet de loi par le
» Conseil d'état, on proposa, dans la séance du 14 frimaire
» an X, un article qui interdisait l'adoption de l'enfant naturel
» reconnu, mais que cet article fut supprimé ; et on voit par la
» discussion qui eut lieu, que la majorité du Conseil d'état, et
» notamment le chef du gouvernement, ne trouvèrent aucun
» inconvénient à ne pas admettre la prohibition ; considérant
» que c'est sous l'empire de ces impressions, que le titre de
» l'adoption a été présenté et discuté devant le corps législatif;
» qu'en se pénétrant des dispositions de ce titre, on ne peut
» s'empêcher de reconnaître qu'il a réglé tout ce qui concerne
» l'adoption, et qu'il forme en quelque sorte sur cette matière
» un code spécial ; — que c'est dans ce titre seul, en effet,
» qu'on trouve les conditions pour adopter et être adopté, les
» prohibitions prononcées par le législateur, les droits et les
» effets résultant de l'adoption, les obligations et les devoirs
» qu'elle impose, enfin, la forme ou la procédure à suivre pour
» y parvenir ; que toutes les autres parties du Code civil et

» même du Code de procédure sont muettes sur cette matière ;
» qu'il suit de là qu'à l'exception des incapacités résultant des
» principes généraux du droit, il ne peut exister de prohibition
» que celles qui seraient prévues par le titre VIII du Code ; —
» considérant que l'objection la plus sérieuse contre l'adoption
» de l'enfant naturel est la contradiction qui paraît exister
» entre la qualité d'héritier, conférée par l'article 350, et la
» fixation des droits de l'enfant né hors mariage, tels qu'ils
» sont réglés par les articles 756, 757 et 908 du Code ; que,
» pour résoudre cette objection, il ne faut pas perdre de vue
» que le but principal de l'adoption est de créer pour l'adopté
» un nouvel état civil, une nouvelle position dans la société ;
» que le droit d'héritier, bien qu'il soit une conséquence de
» cette nouvelle position, n'en est cependant que l'accessoire ;
» que, dès lors, les droits de l'adopté ne sont plus réglés par
» les dispositions générales sur les successions, mais par les
» dispositions spéciales du titre de l'adoption, qui, en conférant
» un état nouveau, ont fait cesser l'incapacité qui frappait
» l'enfant naturel ; — considérant que si, sur une question
» qui a divisé les hommes les plus graves, il peut rester
» des doutes, on doit, pour les faire cesser, porter ses regards
» sur les décisions nombreuses de cours, qui, se fondant sur
» l'opinion des rédacteurs du Code, ont admis l'adoption des
» enfants naturels ; que c'est donc le cas d'appliquer la maxime
» *optima legum interpres consuetudo*, qui vient à l'appui de
» cette considération ; qu'en accueillant l'opinion contraire, on
» briserait des positions sociales établies depuis de longues an-
» nées, sur des pactes de famille et des mariages contractés de
» bonne foi et avec la confiance qu'a dû inspirer la sanction
» de la haute magistrature ; confirme, etc. »

Le deuxième arrêt est de la Cour royale d'Angers, sous la

date du 12 juillet 1844. (Journal *Le Droit* des 29 et 30 juillet 1844.)

En voici la teneur :

« Au fond ;

» Attendu que le Code civil, au titre de l'adoption, ne con-
» tient aucune disposition qui prohibe l'adoption par le père
» ou par la mère des enfants naturels qu'ils ont reconnus ;

» Que les articles 756, 757 et 758, qui refusent à ces en-
» fants la qualité d'héritiers, et l'article 908 portant qu'ils ne
» pourront rien recevoir au delà de ce qui leur est accordé au
» titre des successions, ne disposent sur la transmission des
» biens relativement à eux, qu'en les considérant dans leur état
» primitif d'enfants naturels reconnus ; que ces dispositions
» générales ne leur sont plus directement applicables lorsque
» l'adoption, opérant un changement d'état, fait entrer ces en-
» fants dans le régime d'une législation différente et spéciale ;
» que, ce changement d'état n'étant pas textuellement prohibé
» par la loi, on ne peut pas induire cette prohibition de ce que,
» dans l'état antérieur, l'enfant naturel était frappé, sous le rap-
» port successif, d'une incapacité que ne comporte plus la nou-
» velle situation à laquelle il a été appelé ;

» Qu'au surplus, la prohibition de succéder, en ce qui con-
» cerne les enfants naturels reconnus et non adoptés, n'est point
» aussi absolue dans son application que pourraient le faire
» présumer les termes de l'article 756, puisque les articles
» subséquents leur attribuent les trois quarts de l'hérédité de
» leur père et mère, lorsque ceux-ci ne laissent ni descendants,
» ni ascendants, ni frère, ni sœur ; et la totalité, quand ils
» n'ont pas laissé de parents au degré successible ;

» Que, quant aux abus qui pourraient naître de l'adoption
» des enfants naturels reconnus, la loi a donné à la société et

« aux familles les garanties désirables, en investissant les magis-
» trats d'un pouvoir discrétionnaire et placé hors de toute dis-
» cussion , qui leur permet de satisfaire aux exigences des
» intérêts moraux et d'ordre public ;

 » Attendu qu'il ne serait pas sans inconvénient assurément
» d'admettre indistinctement toutes les adoptions d'enfants na-
» turels par leurs père et mère , mais que l'on ne peut se dissi-
» muler qu'il y en aurait de non moins graves à les repousser
» d'une manière absolue, sur le seul motif de la reconnaissance
» préexistante de paternité ; que l'effet inévitable de cette ju-
» risprudence serait de mettre obstacle aux reconnaissances de
» la part des parents , lesquels sont pourtant l'accomplissement
» d'une obligation morale ; qu'il arriverait maintes fois que l'on
» s'abstiendrait de la reconnaissance, dans la vue de recourir à
» l'adoption, quand le temps où elle est permise serait arrivé ,
» et qu'une mort imprévue ou la survenance d'autres événe-
» ments venant à déranger ces prévisions , ce serait toujours
» l'enfant qui en serait la victime innocente ;

 » Par ces motifs, etc. »

 Ainsi , il semble écrit que la Cour d'Angers doit se trouver
en état d'opposition permanente avec les doctrines de la Cour
de cassation. Quand la Cour de cassation était favorable à l'adoption des enfants naturels , la Cour d'Angers se prononçait dans
un sens contraire, témoin son arrêt notable du 11 août 1839.
Quand la Cour de cassation a changé de jurisprudence , en re-
jetant , le 28 avril 1843 , le pourvoi dirigé contre ce dernier
arrêt, la Cour d'Angers a fait défection à ses premières doctrines, et s'est alors prononcée en faveur de l'adoption des enfants naturels.

 Quoi qu'il en soit, analysons en quelques mots les motifs des
deux arrêts qui précèdent.

Ces arrêts ont des motifs qui leur sont communs, et d'autres qui leur sont particuliers.

Les motifs communs sont ceux-ci :

1° Il n'y a dans le Code civil, au titre de l'adoption, aucun article qui prohibe l'adoption des enfants naturels, d'où la conséquence qu'elle est permise.

2° L'objection prise dans les dispositions des articles 338, 756 et 908 du Code civil, n'est pas concluante, parce que l'adoption produit un changement d'état, et dès lors l'enfant ne reçoit plus comme enfant naturel, mais comme enfant adoptif.

Les motifs particuliers sont ceux-ci : d'après la Cour de Dijon,

1° L'adoption de l'enfant naturel n'est pas en opposition avec un de ces principes qui tiennent à l'essence même de l'adoption ;

2° Les travaux préparatoires du Code civil en l'an X prouvent que les auteurs de ce Code avaient l'intention de valider cette adoption ;

3° Dans une question qui a soulevé des doutes aussi graves, c'est l'usage qu'il faut consulter ; *optima legum interpres consuetudo*.

4° Accueillir l'opinion défavorable à l'adoption des enfants naturels, c'est briser des positions sociales établies depuis longtemps, assises sur des pactes de famille et des mariages contractés de bonne foi et avec la confiance qu'a dû inspirer la haute sanction de la magistrature.

Enfin, d'après la Cour d'Angers, l'effet inévitablement attaché à l'adoption des enfants naturels serait de mettre obstacle aux actes de reconnaissance de la part des parents, lesquels actes sont pourtant l'accomplissement d'une obligation morale.

Reprenons chacun de ces motifs, pour les examiner dans l'ordre même qui précède.

I

Motifs communs aux deux arrêts.

Il n'y a dans le Code civil, au titre de l'adoption, aucun texte qui prohibe l'adoption des enfants naturels, d'où la conséquence qu'elle est permise.

Éternelle proposition que l'on rencontre presque partout, bien qu'elle soit évidemment insoutenable, et dans le principe qu'elle contient, et dans les conséquences qu'on en tire. Il n'y a pas de texte, dites-vous, qui prohibe l'adoption des enfants naturels! mais que faites-vous donc des dispositions des art. 345, 355, 361 et suivants analysés et combinés, qui exigent pour les trois espèces d'adoption des conditions *essentielles*, conditions en dehors desquelles le père et l'enfant se trouvent nécessairement placés? Il n'y a pas de texte prohibitif! mais quel compte tenez-vous donc des articles 346, 347, 348, 349, 351 du même Code, qui présupposent tous de la manière la plus virtuelle que l'adopté n'est pas au nombre des descendants naturels de l'adoptant, puisqu'ils mettent constamment en présence et en état d'antagonisme permanent la famille de l'adoptant et la famille de l'adopté?

Voilà donc des textes notables, énergiques, concluants, parfaitement concordants entre eux; ces textes doivent évidemment vous satisfaire, ou bien déclarez que vous ne prendrez condamnation qu'en présence d'une formule explicite portant: *l'adoption de l'enfant naturel est prohibée.*

Il n'y a pas de texte prohibitif, dites-vous ; d'où la conséquence que l'adoption est permise ; mais nous avons déjà démontré que cette conséquence est entièrement fausse.

En supposant, pour un moment, qu'il y ait absence de textes prohibitifs, vous conviendrez du moins avec moi qu'il n'y a pas de textes qui autorisent une pareille adoption, et nous affirmons que dans cet état de choses les tribunaux devraient la proscrire. En l'absence d'un texte qui l'autorise, on doit la refuser ou l'infirmer, 1° parce que l'adoption n'est pas placée dans le domaine du droit naturel ; mais exclusivement dans le domaine du droit civil ; 2° parce que l'adoption des enfants naturels est directement contraire à la *nature* même de l'institution ; 3° parce que cette adoption fait violence au sens naturel du mot adoption. *Adopter*, ne le perdons pas de vue, c'est *se choisir* un fils, *optare sibi filium ;* mais on ne choisit pas celui que l'on a déjà. — Puisque vous voulez fausser le sens naturel du mot consacré, et faire violence en même temps au caractère de l'institution, la faire dévier du but pour lequel elle a été établie, justifiez d'un texte qui vous y autorise ; tant que vous ne justifierez pas de ce texte, vous resterez régi par la nature même des choses, par l'acception du mot *adopter, vous ne serez pas admis à vous approprier par l'élection ce qui est déjà votre chose propre.*

Vous voyez donc bien que je n'ai pas besoin, moi, pour justifier mon sentiment, d'un texte prohibitif. La prohibition est dans la nature même de l'institution, dans son but, dans la propriété des termes ; — vous seul auriez besoin d'un texte qui l'autorisât, puisque vous allez à l'encontre de la propriété des mots, du caractère et du but de l'adoption.

Cela est palpable et décisif pour quiconque veut être de bonne foi.

Le premier motif sur lequel reposent les deux arrêts est donc évidemment fautif.

Deuxième motif.

Les dispositions des articles 338, 756, 908 et 911 du Code civil doivent être écartées, car l'adoption a produit un changement d'état qui a fait que l'adopté ne succède plus à son père, comme enfant naturel, mais comme enfant adoptif.

Avant de revenir sur ce chef important de l'argumentation, constatons que les Cours de Dijon et d'Angers ne se sont nullument préoccupées d'un point de vue qui nous a paru exercer la plus haute influence sur la question. Nous voulons parler du point de vue de la *fraude*. Nous avons dit : pour peu qu'on réfléchisse sur les effets de l'adoption des enfants naturels, on reconnaîtra aisément que cette adoption ne peut avoir eu qu'un but principal sinon unique, la transmission des biens ou la qualité d'héritier ; donc cette adoption n'est faite qu'en fraude des lois qui refusent aux enfants naturels la qualité d'héritiers ; donc elle est frauduleuse ; donc elle est nulle (art. 911 du Code civil).

Il y a mieux : il n'est pas nécessaire, comme on l'a vu, d'établir que cette adoption n'a eu qu'un seul but, celui dont nous venons de parler ; en d'autres termes, il ne faut pas qu'il soit impossible qu'elle ne soit pas frauduleuse, il suffit qu'il soit possible qu'elle présente ce caractère pour qu'elle soit annulée. Les principes du droit romain sont, on le sait, très-précis sur ce point ; Cujas nous l'apprend lui-même dans plusieurs de ses fragments ; il ne faut pas qu'une fraude puisse espérer de triompher à la faveur d'une adoption, qu'elle puisse se déguiser sous ses apparences ; il ne faut pas que l'adoption présente la plus légère suspicion de fraude ; or, qui oserait se hasarder jusqu'à soutenir qu'il n'est pas possible que le père et l'enfant aient eu en vue la transmission des biens sur la tête de l'adopté?

Voilà donc une argumentation qui a pour elle l'autorité du droit romain, de la raison, des principes généraux du Code civil, en matière d'effets attachés à l'adoption (art. 960), qui a pour elle l'appui des jurisconsultes les plus éminents, et pourtant les deux arrêts que je combats n'ont pas cru devoir en dire un seul mot !

Signalons cette prétérition de leur part, et arrivons à la manière dont ils ont écarté les art. 338, 756, 908 et 911 du Code civil.

L'enfant naturel adopté ne recueille plus les biens comme enfant naturel, disent les Cours de Dijon et d'Angers ; il les reçoit comme enfant adoptif. Les dispositions des articles précités ne lui sont donc plus directement applicables, puisque l'adoption, opérant un changement d'état, fait entrer ces enfants sous le régime d'une législation spéciale et différente.

C'est donc un fait définitivement acquis, que la jurisprudence qui nous est contraire ne peut se maintenir qu'au moyen du système d'un *changement d'état*, produit par l'adoption, système dont M. Dupin est un des principaux défenseurs. Mais nous avons démontré de la manière la plus évidente, non pas seulement avec des raisonnements, mais avec des textes de lois, que *ce changement d'état* n'existe pas, qu'il ne peut pas plus exister sous l'empire du Code civil qu'il n'existait sous le droit de Justinien, quand il s'agissait d'une adoption appelée *parfaite;* nous avons prouvé que la qualité d'enfant naturel survit à l'adoption, par suite du grand principe, écrit dans l'article 348 du Code civil, que les deux états, l'un naturel, l'autre fictif, co-existent simultanément ; que, par une conséquence invincible, l'incapacité de l'enfant naturel, incapa-

cité inhérente à sa qualité même, subsiste. — Les dispositions
des articles 338, 756 et 908 restent donc directement applicables à l'enfant adopté. Il ne pouvait passer sous le régime
d'une législation spéciale et différente qu'à la condition que
sa qualité d'enfant naturel serait effacée, c'est-à-dire qu'à la
condition d'un changement d'état. Or, cette condition n'a pu
se réaliser. Ainsi, l'incapacité inhérente à la réalité paralyse
et neutralise les effets attachés à l'état fictif. C'est encore Cujas
qui nous l'apprend : *Imago, non potest aut debet naturæ, id
est veritati, offendere caliginem* *.

Enfin, on n'a pas oublié que la paternité naturelle et les
droits qu'elle consacre ne sont pas plus effacés par l'adoption
que la filiation naturelle et les incapacités qui en sont la suite.

Le tribunal civil d'Angers avait apprécié bien autrement
que la Cour ce point important de la contestation. Il disait en
effet dans les motifs de son jugement, du 11 avril 1844, qui
avait annulé l'adoption des filles naturelles du sieur Bazouin :

« Attendu que l'enfant naturel reconnu ne changerait pas
» d'espèce parce qu'il serait adopté ; que sa qualité d'enfant
» naturel et celle de père naturel dans la personne de l'adop-
» tant survivraient à l'adoption dans plusieurs cas, comme
» par exemple celui de prédécès sans postérité de l'enfant na-
» turel adopté, cas où l'adoptant, comme père naturel, recueil-
» lerait toute la succession de l'enfant adopté, et ne serait pas
» réduit comme adoptant, à un simple droit de retour **. »

Les motifs du jugement infirmé n'étaient-ils pas plus sages
que ceux de l'arrêt qui en a prononcé la réformation ?

Donc, l'argument pris des articles 338, 756 et 908 subsiste,

* Tome IV de ses œuvres, édition Fabrot, page 355.
** Journal *Le Droit* des 15 et 16 avril 1844.

et tous les efforts que l'on a faits pour l'écarter au moyen de la doctrine relative au changement d'état sont venus échouer devant le principe fondamental écrit dans l'article 348 du Code civil.

II

Des motifs particuliers aux deux arrêts, et plus spécialement des motifs de l'arrêt de la Cour de Dijon.

1° L'adoption d'un enfant naturel, dit cette Cour, n'est pas en opposition avec un de ces principes qui tiennent à l'*essence* de l'adoption.

Je le veux ; mais ne suffit-il pas qu'elle soit en opposition avec un principe qui tient de la *nature* de l'institution, pour qu'en l'absence de tout texte qui l'autorise, elle doive être défendue ? N'est-il pas certain que ce qui est de la *nature* des institutions, oblige, à défaut de disposition légale contraire, comme ce qui est de la *nature* des contrats oblige les parties contractantes, à défaut de stipulation contraire ?

Et voyez d'ailleurs à quelle source la Cour de Dijon est réduite d'aller puiser cet argument tout à fait inoffensif ? Elle est condamnée à l'emprunter à la jurisprudence révolutionnaire, à cette jurisprudence qui donna un bill d'indemnité aux adoptions les plus monstrueuses, et abusa de la manière la plus déplorable de l'absence de toute organisation de cette institution !

Recourir à de semblables emprunts pour venir à l'appui d'une doctrine, c'est la frapper d'avance d'un discrédit mortel.

2° Puis vient un autre argument sur la foi duquel on avait généralement vécu jusqu'ici, mais qui ne saurait plus désormais obtenir la plus légère confiance ; il s'agit des travaux préparatoires du Code civil, en l'an X. A cette époque, dit la Cour de Dijon, se faisant en cela l'écho d'une erreur trop longtemps accréditée, le Conseil d'état témoigna ostensiblement son intention d'admettre l'adoption des enfants naturels. Mais n'avons-nous pas fait justice de cette erreur, en explorant de la manière la plus scrupuleuse la série de tous les travaux préparatoires du titre de l'adoption? N'avons-nous pas surtout prouvé, les procès-verbaux des discussions du Conseil d'état à la main, que la question est tout entière dans les travaux préparatoires de l'an XI, et non dans les travaux de l'an X ? Persister, comme la Cour de Dijon, à retenir le débat dans la période de l'an X, c'est s'obstiner à marcher dans les ténèbres, quand on a devant soi les rayons de la plus vive lumière.

3° Aussi, la Cour de Dijon n'est-elle pas pleinement convaincue ; elle semble admettre le doute; mais dans ce doute elle veut que l'interprétation donnée par la jurisprudence l'emporte, *optima legum interpres consuetudo.*

Mais peut-on dire sérieusement qu'il y a doute, quand on a pour décider la question dans notre sens : 1° la nature même de l'institution ; 2° des textes de lois nombreux et précis ; 3° d'autres textes qui amènent indirectement, il est vrai, mais invinciblement aux mêmes conséquences ; 4° les travaux préparatoires du Code civil, les discours des orateurs du gouvernement et du Tribunat, l'ensemble des principes et des textes du Code civil empruntés à d'autres titres que celui de l'adoption ; 5° l'influence des idées morales, sociales et religieuses, l'histoire et la philosophie du droit? Si, avec ce faisceau d'éléments, le doute est encore permis, quelle est donc la question dont la solution pourra être certaine ?

Il y a, ajoute-t-on, majorité de décisions judiciaires en faveur de l'adoption des enfants naturels; mais depuis quand se borne-t-on à compter les arrêts?

La vérité n'a-t-elle pas eu constamment pour elle des voix indépendantes et généreuses qui n'ont jamais cessé de revendiquer ses droits?

Sur les siéges les plus élevés de la magistrature, le prédécesseur de M. Dupin au parquet de la Cour de cassation ; dans les écoles, Delvincourt et un grand nombre de savants docteurs, qui s'associaient au même enseignement; dans le monde de la controverse, des auteurs du plus grand poids et des écrivains d'un rare mérite, ont-ils fait un instant défection aux mêmes convictions? L'erreur n'était donc pas restée en possession paisible du terrain sur lequel elle avait pris pied ; la lutte n'a jamais cessé ; on ne peut donc pas invoquer la maxime : *optima legum interpres consuetudo.* Et bien loin de là, si la jurisprudence s'était oubliée jusqu'à devenir unanime, nous aurions donné la préférence à cette autre maxime du droit romain : *Consuetudinis ususque longævi, non vilis auctoritas est, verum non adeo sui valitura momento ut aut rationem vincat aut legem. (Const. Loc. 2, Cod. quæ sit long. consuet.)*

5° Enfin, si la doctrine défavorable à l'adoption des enfants naturels triomphe, on brisera, dit-on, des positions sociales établies. Cet inconvénient a de la gravité, je ne le conteste pas; mais des droits acquis contrairement à la loi et aux principes sont-ils, à proprement parler, des droits acquis? Des mariages ont été contractés sous la foi de ces adoptions; mais ceux qui les ont contractés pouvaient-ils se faire illusion sur les chances attachées à la nature du titre auquel ils confiaient imprudemment leur avenir? Est-il bien vrai, d'ailleurs, qu'aucune voix amie ne les ait avertis du danger qu'ils couraient; qu'ils n'ont jamais eu conscience des raisons qui pouvaient, à chaque instant, faire crouler sous eux le fondement de leur fortune ou de leur position nouvelle ?

En France, ce n'est pas ainsi que l'on raisonne. Ni l'abus, ni les considérations, ne sauraient jamais ni constituer le droit, ni le modifier. La Cour de cassation préconise tous les jours par ses arrêts cette grande maxime, que le droit seul doit être respecté ; qu'il n'est jamais trop tard de faire retour à la loi. Si la sagesse de cette maxime est indubitable, même quand il ne s'agit que d'intérêts purement matériels, quelle autorité ne devra-t-elle pas exercer, quand il s'agit, comme dans l'espèce, de questions vitales pour l'ordre social, quand il y va des intérêts du mariage, de la famille, de la légitimité !!

Voilà bien, on en conviendra, des intérêts de nature à raffermir le magistrat qui serait disposé à faire fléchir la rigueur des principes en faveur des prétendus droits acquis.

Serait-il, en vérité, loisible aux dépositaires du pouvoir judiciaire de se montrer ainsi indulgents ou miséricordieux, au détriment des dogmes les plus salutaires ? Et cela, quand il est question d'une thèse de droit positif, à laquelle les inspirations du droit naturel ou de l'équité restent tout à fait étrangères, et dont la solution ne peut être cherchée que dans les formules et dans les règles de la législation civile !!!

Le juge peut-il jamais oublier que le patrimoine qu'il attribue à l'enfant naturel adopté, en appréciant son adoption sous l'influence d'un sentiment d'intérêt ou de commisération, *movente misericordia*, il le ravit à la famille légitime que cette adoption a injustement dépouillée ?

La société et la famille sont-elles donc de nos jours si fortement organisées, si puissamment sauvegardées contre tout danger, que le magistrat puisse leur retirer impunément le concours des doctrines morales et religieuses, dont l'influence pèse sur la solution de toutes les grandes questions de droit civil, et particulièrement de celle qui nous occupe?

III

Motifs particuliers de l'arrêt de la Cour d'Angers.

Admettons, dit cette Cour, la nullité de l'adoption des enfants naturels, et les pères se refuseront à les reconnaître, précisément pour avoir le droit de les adopter, et ce refus de reconnaissance sera plus d'une fois préjudiciable aux enfants.

Considération! pure considération! Que conclure, en effet, de là à la solution de notre question de droit et à la moralité de cette solution? C'est comme si vous disiez que les dispositions qui limitent la capacité des enfants naturels sont défectueuses ou équivoques, parce que les pères ne les reconnaîtront pas pour avoir le moyen, en l'absence de tout titre constatant leur filiation, de leur transmettre l'universalité de leur patrimoine.

Ainsi ont été réfutées une à une, et sans effort de notre part, toutes les raisons sur lesquelles reposent les arrêts des Cours de Dijon et d'Angers que nous avions à combattre. Pouvaient-ils, en effet, avoir quelque autorité?

Des textes nombreux, significatifs, homogènes, résistent à l'adoption des enfants naturels; les deux arrêts nient l'existence de ces textes; et de cette absence de textes ils concluent que l'adoption doit être permise lorsqu'il est évident que, même à leur point de vue, la conséquence diamétralement opposée serait seule logique.

L'esprit de la loi est tout entier dans les travaux préparatoires du Code civil en l'an XI. Eh bien ! la Cour de Dijon ne se préoccupe que de ceux de l'an X ; et la Cour d'Angers, usant d'un procédé beaucoup plus facile, les laisse tous à l'écart.

Le texte de la loi dit que *l'adopté reste dans sa famille naturelle*, et néanmoins, comme si ce texte n'existait pas, ces deux Cours décident qu'il y a changement d'état par suite de l'adoption.

La fraude dont l'adoption des enfants naturels est visiblement entachée domine sur toute cette polémique ; et, chose remarquable, la fraude n'est mentionnée dans aucun des deux arrêts.

La question agitée est une question de droit purement civil, qui doit être résolue par des applications de principes certains ; les deux Cours donnent à de pures considérations une influence décisive. Encore si ces considérations étaient celles qui doivent se produire avec le plus de gravité ! mais il est manifeste que les deux Cours n'ont envisagé, à cet égard, que le côté le plus étroit du procès, sacrifiant ainsi les grands intérêts engagés dans ce débat, les intérêts généraux, à des intérêts d'un ordre bien inférieur.

Ainsi, toutes les positions sont bouleversées, tous les rôles intervertis, tous les éléments essentiels du débat faussés, tronqués ou prétérits.

Et on s'étonnerait après cela que des arrêts ainsi motivés ne produisent pas, sur des esprits nourris de cette controverse, la plus légère impression !

Pour moi, j'avoue qu'en lisant ces décisions, j'ai senti mes convictions s'accroître ; car des arrêts édifiés sur des propositions qui ne peuvent soutenir un sérieux examen, sanctionnent sans contredit une doctrine erronée.

Ainsi surnage, pleine d'avenir, l'autorité de l'arrêt de la Cour de cassation, du 16 mars 1843, et il est à regretter que la Cour d'Angers, qui avait eu l'honneur de provoquer ce retour de jurisprudence, ait bientôt après déserté des doctrines dont elle avait assuré le succès.

Les conclusions de notre premier travail subsistent donc dans toute leur force.

Nous devons donc persévérer dans nos doctrines avec d'autant plus de raison que, depuis notre première édition, de puissants auxiliaires sont venus nous prêter main-forte, et nous accorder le concours de leur autorité.

Dans la seconde édition de ses *Eléments de droit civil français*, M. Marcadé, avocat à la Cour royale de Paris, a soutenu la thèse de l'illégalité de l'adoption des enfants naturels avec la vigueur ordinaire de sa logique et les ressources familières à son érudition *. S'inspirant successivement des raisons prises dans le texte et dans l'esprit du Code, il a combattu avec bonheur les divers arguments proposés par les adversaires de cette doctrine ; et après avoir examiné la question au point de vue de la législation écrite, il a mis en lumière toutes les considérations d'un ordre supérieur qui militent en faveur de son système. — A la force de sa discussion, à l'énergie de son langage, il est facile de reconnaître la vivacité de ses convictions.

Dans les mêmes rangs est venu se placer un de nos plus savants collègues, M. Molinier. On a pu lire dans la *Revue étrangère et française de législation* ** un article émané de ce professeur, présentant à l'appui de la même solution des aperçus nouveaux, pleins de finesse et d'à-propos.

* Tome II, pages 103 et suivantes.
** Livraison du mois de février 1844.

L'adhésion si bien raisonnée de ces honorables jurisconsultes est, pour le succès de cette opinion, du plus heureux augure *.

Quelques précisions suffiront pour les enfants naturels qui n'auraient pas été reconnus selon les conditions prescrites par la loi (art. 334).

Il faut distinguer : s'il s'agit d'enfants naturels ayant une sorte de possession d'état, dont la filiation est établie par une sorte de notoriété, les tribunaux, appelés par l'article 355 du Code civil à vérifier si les conditions prescrites sont accomplies et à faire l'appréciation de la moralité de l'adoptant, devront refuser l'adoption. — Ils sont investis d'un pouvoir discrétionnaire, et la loi les dispensant, dans cet objet, d'exprimer les motifs de leur décision, ces décisions ne sauraient, en cas de refus d'adoption, être attaquées par la voie du recours en cassation **. M. de Maleville a le premier consacré cette solution***.

S'il s'agit d'une adoption déjà homologuée par les tribunaux, mais attaquée après la mort de l'adoptant par les collatéraux, la demande en nullité de l'adoption constituant nécessairement une sorte de recherche de paternité si sévèrement prohibée par nos lois (article 340), nous estimons que la demande en nullité devra être rejetée.

---

* Je prie MM. Duvergier et Valette, directeurs de la *Revue étrangère et française*, pour la partie qui est relative au droit français, de recevoir l'expression de ma vive reconnaissance pour la manière obligeante dont ils ont bien voulu rendre compte de mon travail, dans la livraison du mois d'août 1843, et pour l'accueil si bienveillant qu'ils daignent faire à mes publications.

** Cour de cassation, 14 novembre 1815.—Sirey, tom. XVI, 1 — 45.

*** Analyse raisonnée, 1,346.

Que s'il n'y a ni reconnaissance ni possession d'état, la prohibition de la loi peut alors être impunément éludée. Il en est de même quand il s'agit de libéralités excessives faites par le père à l'enfant qu'il n'a pas reconnu. Mais, comme le faisait remarquer M. Merlin, « tout cela ne prouve qu'une chose, » c'est que les lois méditées par la plus profonde sagesse et ré- » digées avec le plus de soin se ressentent toujours de la fai- » blesse humaine ; qu'elles ne peuvent pas parer à tous les » inconvénients, et qu'il y a toujours des abus qui leur échap- » pent *. »

Cela prouve que, dans les cas prévus et qui sont susceptibles de l'application des prohibitions des lois, il faut faire exécuter leurs dispositions avec une religieuse sévérité.

* Répertoire, v° *Adoption*.

FIN.

www.ingramcontent.com/pod-product-compliance
Ingram Content Group UK Ltd.
Pitfield, Milton Keynes, MK11 3LW, UK
UKHW021904070726
13613UKWH00001B/317